DORIS BEWERNITZ

Spuren im Schnee

✦ Geschichten zur Weihnachtszeit ✦

HERDER

FREIBURG · BASEL · WIEN

Für Frieda Lewandowski

INHALT

✦ Inhalt ✦

Tante Friedas Schichtkekse

Ich backe sie jedes Jahr zur Adventszeit. Es sind meine Lieblingsplätzchen. Bescheidene Kekse, die nur aus Butter, Mehl und Hefe bestehen. Und obwohl die Zutaten so einfach sind, kommt etwas Feines dabei heraus. Das Rezept stammt von Tante Frieda. Zwischen meinem zweiten und dritten Lebensjahr hatte ich mit ihr zu tun. Das war mein Glück. Eine unscheinbare Frau war sie, klein und schmächtig. Ich sehe sie vor mir. Ihre Jacken, Röcke, Blusen, Schuhe und Strümpfe waren immer dunkel. Meist grau oder schwarz. Erst später konnte ich mir das zusammenreimen. Als ich verstand, was das bedeuten mochte: Ihr Liebster ist an der Front gestorben, da waren sie zehn Tage verheiratet gewesen.

Tante Frieda nannte ich sie. Dabei war sie gar nicht meine Tante. Sie lebte im selben Dorf wie wir, in einem kleinen Haus. Einen Beruf hatte sie wohl nicht. Sie tauchte überall dort auf, wo es etwas zu helfen gab, und packte mit an. Das war irgendwann so selbstverständlich geworden, dass es jeder normal fand.

Keine besondere Frau. Einfach gestrickt. Klein, zäh und drahtig. Flinke Hände, quergestreifte Stirn, das Gesicht voller Falten. Tiefliegende Augen. Dünnes, weißes Haar, das ihr um den Kopf herumflog, obwohl sie immer wieder versuchte, ihm eine Frisur beizubringen. Sonst wusste man nichts von ihr. Außer, dass sie Flüchtling gewesen war. Und dass sie allein lebte.

Auch bei uns hat sie geholfen. Wenn meine Eltern arbeiteten, passte sie auf uns Kinder auf. Kochte Suppe. Erzählte Geschichten. Wusch Wäsche. Sang uns vor. Bügelte. Pustete auf Schürfwunden. Backte Plätzchen. Ich habe noch ihren schlesischen Akzent im Ohr. Den Singsang ihrer Reime.

Warum ich sie über alles liebte? Weil sie lachen konnte. Sie sah immer fröhlich aus. Die Lachfältchen hatten sich tief in die Haut eingegraben und bildeten ein Sternenmuster um ihre Augen. Sie strahlte einen so schalkhaft an und schon war alles gut. Sie hatte ein weiches, großes Herz. Für andere, aber auch für sich selbst. Sie machte Witze über sich, wenn ihr etwas zerbrach. Selbst mit Tränen in den Augen lachte sie noch. Wenn wir Dummheiten machten, lachte sie über uns Kinder. Sie amüsierte sich über uns. Sie freute sich an uns. Geschimpft hat sie nie.

In unserer Familie wurde sonst eher nicht gelacht. Alles ging ernsthaft und gesittet vor sich und hatte eine erdrückende Tragik, die einem schnell den Atem nehmen konnte. Sicher gab es dafür Gründe. Der Krieg hatte die Kindheit meiner Eltern gefressen. Unrecht, Gewalt, Hunger und Tod hatten ihnen ans Herz gegriffen und sie stumm gemacht.

Aber all dies hatte die kleine schmächtige Frau ebenfalls erlebt. Und sich dennoch ihren Humor bewahrt. Hätte es Tante Frieda nicht gegeben, ich weiß nicht, was aus mir geworden wäre.

Übrigens: Den Teig rollt man hauchdünn aus, bestreicht ihn mit einem verquirlten Ei, bestreut ihn mit ein wenig Zucker, schneidet Rauten und tupft in die Mitte jeder Raute einen winzigen Klecks Marmelade. Das Ganze backt man goldgelb. Nur ein Hauch, nur ein Husch ist dieser zerbrechliche Keks. Aber mit einem lachenden Klecks Marmelade darauf, der durch das Backen einen unglaublichen Bratapfel-und-Weihnachtsmarkt-Geschmack entwickelt, der einem das Herz durch und durch wärmt.

Tante Friedas Schichtkekse eben.

Das Geschenk

„Im nächsten Jahr mache ich dir das schönste Geschenk, das je ein Mensch bekommen hat", sagte ich.

„Oh", entgegnete er. „Weihnachten war gerade gestern, wie kannst du da schon vom nächsten Jahr reden. Und dein Geschenk war doch sehr schön!"

„Aber im nächsten Jahr wird es viel schöner!", rief ich.

Er rieb sich das Kinn. „Aber nichts Gekauftes", meinte er dann. „Und nicht größer als eine Streichholzschachtel. Du kennst unsere Abmachung."

„Klar", sagte ich. Und überlegte, was es sein könnte. Ich wollte, dass es ganz ausdrückte, was ich für ihn empfinde.

Der Winter verging. Die ersten Krokusse steckten ihre Köpfe aus der Erde, dann die herrlichen Tulpen. Ich ergötzte mich an ihnen und dachte an das Geschenk.

Der Sommer kam mit seinen Bienen und Kirschblüten, mit seiner Hitze und seinen roten Sonnenuntergängen. Und verging. Und immer sah ich mich nach einem Geschenk um, fand keins schön genug und tröstete mich damit, dass ja noch genug Zeit wäre.

Doch der Herbst ging vorbei wie ein Atemzug. Rasch war die bunte Pracht der Bäume abgefallen, der November mit seinen grauen Stürmen rauschte dahin und der Heilige Abend rückte immer näher.

Da wurde mir angst, dass ich mein Versprechen nicht würde erfüllen können, und ich lief nur noch draußen herum und schaute und suchte, aber ich fand nichts. Und in die Geschäfte brauchte ich ja nicht zu gehen, schließlich sollte es nichts Gekauftes sein.

Nun war der Heilige Abend herangekommen und ich hatte noch immer nichts. Ein leichter Schneefall setzte ein. Die Flocken waren groß und schwebten dahin wie taumelnde kleine Vögelchen, die ihren Weg verloren hatten. Schon schlug die Uhr fünf Mal und um sechs sollte unsere Bescherung sein und ich hatte noch immer nichts!

Der Schnee fiel dichter und stärker, es war ganz dunkel geworden. Traurig stellte ich mich unter eine Laterne.

Da sah ich sie. Sie schwebte genau auf mich zu. Ein kristallenes Wunder, ein Hauch Schönheit. Ich fing sie, barg sie behutsam in meinen Händen und eilte nach Hause.

„Fröhliche Weihnachten", rief ich, „und hier ist mein Geschenk. Einmalig, wertvoll und kostenlos. Wie meine Liebe zu dir."

Und ich öffnete meine Hände.
Sie waren leer.
„Was war es denn?“, fragte er.
„Die schönste Schneeflocke der Welt“, sagte ich.

Weihnachten im Januar

Es war ein harter, weißer Winter. Ein Winter, wie Kinder ihn mögen. Mit einem zugefrorenen See, auf dem man Eislaufen kann, mit Schnee für Schlittenfahrten, Schneebälle und Schneemänner und mit Eisblumen an den Fenstern.

Ich war sechs Jahre alt. Einmal im Jahr fuhr meine Mutter mit uns drei Mädchen in die Stadt, um Schuhe und anderes einzukaufen, das es bei uns nicht gab. Diesmal fiel der Termin in den Januar.

Ich liebte diese Fahrten. Der schöne Blick aus dem Zugfenster, die Schaffner mit ihren roten Mützen und ihren eisernen Lochzangen, die sie geschickt durch unsere kleinen Pappfahrkarten bohrten, die Ankunfts-Bockwurst auf dem Bahnsteig, den heißen Kakao vor der Abfahrt, all diese besonderen Dinge. Und erst die Stadt! Mit ihren schicken, hohen Häusern, Straßenbahnen und Autos!

Meine Mutter hatte tags zuvor besorgt geäußert, ob denn bei diesem Schneefall überhaupt Züge fahren würden, aber weil ich mich so auf die Fahrt freute, setzte ich einfach mein Gottvertrauen dagegen. Und ich behielt recht. Die Züge fuhren.

Gemütlich ratterten wir über eine Stunde lang in einem geheizten Waggon über die Schienen. Drinnen dampfte der Tee aus der Thermoskanne, draußen klirrte der Frost über die weißen Felder und Wälder.

Angekommen gab es die obligatorische Bockwurst am Bahnhofskiosk, dann stapften wir hinter unserer Mutter her durch die Straßen, blickten neugierig in die bunten Schaufenster, wärmten uns in Läden auf, während meine Mutter einkaufte und zuletzt ging's zum Schuhe kaufen. Bis hierher war alles wie immer. Die Besorgungsliste war abgearbeitet, meine Mutter erschöpft aber zufrieden, wir drei aufgedreht. In Aussicht standen nun noch der heiße Kakao auf dem Weg zum Bahnhof und die gemeinsame Rückfahrt, während der wir Canasta spielen würden.

Doch als wir mit neuen Schuhen an den Füßen aus der Tür traten, war es mit der Normalität vorbei. Zum Schnee hatten sich Eisregen, Sturm und Blitzfrost gesellt. Meine Mutter machte einen Schritt aus dem Laden, segelte durch die Luft und konnte sich nur mit einem gewagten Griff an einem fremden Mann festhalten.

Die Bürgersteige glichen polierten Spiegeln.

„Den Kakao lassen wir ausfallen!", beschloss meine Mutter.

Wir murrten, sahen aber bald ein, dass sie Recht hatte.

Wir kamen kaum vorwärts. Tatsächlich langten wir nur wenige Minuten vor Abfahrt des Zuges am Bahnhof an. Das nützte uns jedoch nichts. „Heute aus technischen Gründen kein Zugverkehr!“ erklärte ein Schild an der Bahnhofstür. Entsetzen im Gesicht meiner Mutter. Ratlos sahen wir uns an.

Immer mehr Menschen kamen auf den Bahnhofsplatz. Sie sahen verfroren aus, hatten rote Nasen und ärgerliche Gesichter. Vor der einzigen Telefonzelle hatte sich eine lange Schlange gebildet. Manche hämmerten an die Bahnhofstür, in der Hoffnung zu erfahren, wie man denn jetzt nach Hause käme. Aber vom Bahnpersonal war niemand zu sprechen.

Dann brach die Dämmerung herein.

Da fuhr plötzlich ein dicker, runder Bus mit der Aufschrift „Ersatzverkehr“ auf die Gruppe der Wartenden zu.

„Gott sei Dank!“, entfuhr es meiner Mutter und wir stürmten wie alle anderen auf den Bus zu.

Und dann ging es los. Der Motor heulte, Schneewolken pfiffen am Fenster vorbei. Der Fahrer stellte die Scheibenwischer auf die schnellste Stufe, biss die Zähne zusammen und starrte in das weiße Chaos vor seiner Scheibe.

Zuerst ging alles gut. Es gab ja noch die Straßen der Stadt, es gab die Häuser und die Straßenlampen und eine gewisse Orientierung. Aber bald fuhren wir aus der Stadt heraus, zuerst hörten die Häuser auf, dann die Lampen und dann irgendwie alles. Ich hatte den Eindruck, dass das Gesicht des Fahrers, das ich von der Seite her beobachten konnte, sich immer mehr verfinsterte.

Nach einer Weile hielt er den Bus an, drehte sich zu uns um und sagte, da er die Straße nicht mehr sähe, wolle er umkehren.

„Nein! Fahren Sie weiter!“, protestierten die Leute. „Wie sollen wir denn sonst nach Hause kommen!“

Und er fuhr. Draußen war es dunkel wie im Sack. Nur das Weiß des fliegenden Schnees war vor dem Schwarz der Nacht zu erkennen. Der Motor brummte wie ein wütender Bär. Die Straße schien immer unebener zu werden, wir wurden hin und her gerüttelt. Eine Bäuerin sorgte sich um ihre Hühner, die sie in einem Käfig dabei hatte. „Die sind mir ja tot, wenn ich ankomme!“, schrie sie. Als Antwort trat der Fahrer so heftig auf die Bremse, dass wir allesamt nach vorn flogen.

Abrupt stand er auf. „So“, schimpfte er. „Jetzt reicht's! Das ist Wahnsinn! Ich hätte nie fahren dürfen! Bleiben Sie alle sitzen, ich gehe mal gucken, wo wir überhaupt sind!“ Sprach's, nahm eine große Taschenlampe vom Haken und stieg aus.

Als er wieder hereinkam, wurde auch dem Letzten klar, dass das Unwetter ein bedrohliches Ausmaß erreicht hatte.

Sein Schnauzbart und seine Augenbrauen waren voller Eiskristalle! Er sah aus wie ein Polarforscher.

„Wir stehen auf einem Feld“, knurrte er. „Oder auf einem See! Weiß ich wo! Jedenfalls nicht auf 'ner Straße! Wär ich bloß umgekehrt! Aber Sie wollten es ja so!“ Wütend stampfte er mit dem Fuß auf, Schnee fiel von seiner Jacke.

Die Erwachsenen einigten sich darauf, dass er einfach weiter geradeaus fahren solle, bis eine Straße käme.

„Aber meine Hühner!“, rief die Bäuerin.

Der Fahrer grunzte etwas Unverständliches und startete den Bus. Das heißt, er versuchte, ihn zu starten. Aber der Motor gab nur zwei gequälte Schreie von sich, dann blieb er still.

Jetzt sagte niemand mehr etwas. Alle sahen gespannt zum Fahrer. Dieser stieß einen Fluch aus, nahm einen riesigen Schraubenschlüssel und stapfte wieder nach draußen, wobei er die Tür ein bisschen offen stehen ließ, damit wir von seinem Ärger auch etwas hatten.

„So“, meinte er, als er wieder reinkam. „Der Motor ist hin. Dann richten Sie sich mal auf eine Nacht im Bus ein. Sie wollten ja unbedingt weiterfahren!“

Die Leute nahmen es erstaunlich gelassen. Die Männer steckten sich Zigarren und Pfeifen an, die Frauen holten ihr Strickzeug heraus. Ein Bus ist immer noch besser als ein freies Feld. Dachten wir. Doch es dauerte nicht lange, da wurde es kalt. Eiskalt. Es wurde sowas von kalt, dass einem die Finger blau wurden. Mit dem Motor war nämlich auch die Heizung ausgefallen. Eine Frau begann, hin und her zu laufen, was wegen des ganzen Gepäcks, das den Gang verstopfte, eigentlich gar nicht ging. Sie solle sich hinsetzen, sagten die einen. Sie solle doch gehen, wenn es ihr nicht passt, grummelten die anderen.

„Jawohl!", gab sie zurück, „Das mache ich. Ich gehe."

Es gab Geschrei und Gelächter.

„Auf Ihre Verantwortung", sagte der Busfahrer.

Sie schob sich nach vorn und packte den Türgriff. Als sie die Bustür öffnete, wurde diese augenblicklich von einer orkanartigen Windböe erfasst und mit einem krachenden Geräusch aus den Angeln gerissen. Ich sah sie noch am Fenster vorbeisegeln.

Wir hielten den Atem an. Der Bus war nun ohne Tür. Die Frau verschwand in der Dunkelheit. Sofort wurde es bitterkalt. Schnee wehte herein und bildete im Gang kleine Berge, die mich an die letzte Rodelpartie mit meinen Cousinen erinnerten. Meine Mutter sagte, nun müssten wir uns etwas einfallen lassen. Denn wenn wir einfach sitzen blieben, könnten wir tatsächlich erfrieren.

Der Busfahrer versuchte, die Tür wieder einzuhängen, was ihm nicht gelang. Er holte einen Koffer unter seinem Sitz hervor, darin waren zwei Decken. Eine bekam eine Frau mit Baby, die andere wurde um eine dünne Oma gewickelt, die anscheinend zu niemandem gehörte und immerzu ihre Nase schnäuzte.

Die Kälte wurde klirrend.

„Das geht so nicht", sagte meine Mutter. Entschlossen stand sie auf, nahm ihre Tasche, hängte uns unsere Rucksäcke um und ging auf das Loch zu, das einmal die Tür gewesen war.

„Haltet euch fest an den Händen!", ordnete sie an.

Der Busfahrer rief: „Auf Ihre Verantwortung!", da war ich schon bis zum Bauch im Schnee versunken und froh, rechts und links gut gehalten worden zu sein.

Ich hatte nicht gewusst, wie finster eine Nacht sein kann. Eisige Nadeln flogen mir in die Augen. Sturm heulte. Wir gingen geradewegs in die kalte Schwärze hinein, wobei ich weniger ging als bäuchlings durch den hohen Schnee gezogen wurde. „... Herberge finden! ... Irgendwo ... Dorf!", schrie meine Mutter, deren Stimme vom Heulen und Krachen des Unwetters fortgerissen wurde.

Kalte Messer schnitten mir ins Gesicht und betäubten Augen und Ohren. Mein Schneepflugbauch wurde zum Eisklumpen. Der Frost schlug seine Zähne in die Mitte meines Körpers. Eigentlich wollte ich weinen, aber dann sah ich den gefrorenen Bart des Busfahrers vor mir, und die Vorstellung, dass meine Tränen sofort, noch in den Augen, gefrieren würden, ließ mich tapfer sein.

Meine Schwestern zogen mich. Ihre Hände konnte ich nicht mehr spüren. So viel Nacht und so viel Kälte hatte ich noch nie erlebt.

„Herberge!“ Das klang zuversichtlich. Daran musste ich mich halten. Also dachte ich uns als heilige Familie, nur ohne Joseph, dafür mit drei Kindern. Ich sah schon den warmen Stall vor mir, mit Ochs und Esel und einem Bett aus Stroh ... Aber da war nur knirschender Schnee. Das Heulen des Windes. Mein Eisgesicht.

Und wie war das mit Maria und Joseph gewesen? Sie waren abgewiesen worden. Immer wieder. Niemand hatte sie reingelassen. Und wenn uns das nun auch passieren würde? Oder wenn wir gar kein Haus finden würden? Wenn wir in der Dunkelheit immer nur im Kreis über das endlose Feld gehen würden?

Allmählich geriet ich in einen Trancezustand. Mein Körper wurde gefühllos, ich konnte noch nicht einmal mehr mit den Zähnen klappern, Kälte und Wärme wurden eins, ich war gleichzeitig wach und schlafend, tot und lebendig. Wenn die Nacht vollkommen ist, gibt es keine Zeit. Wie lange wir uns so vorwärts bewegten – ich weiß es nicht. Das Tosen des Sturms, die Schwärze, die Kälte, es schien kein Ende zu nehmen.

Plötzlich liefen wir gegen etwas.

Es war eine Hecke.

Wir tasteten uns an ihr entlang, bis wir einen Eingang fanden. Erst als wir gegen die Mauer des Hauses stießen, konnten wir die erleuchteten Fenster sehen. Meine Mutter klopfte an die Scheibe. Erst zaghaft. Dann immer verzweifelter.

Eine Tür wurde geöffnet. Licht fiel heraus. In diesem Licht stand eine breite Frau mit Lockenwicklern und geblümter Nylonkittelschürze, die rief: „Oh Gott, Herbert, komm doch mal."

Herbert kam. Er hatte Schultern wie ein Grizzly und einen kugelrunden Bauch, über den sich zwei breite, rotbraun gestreifte Hosenträger spannten. „Ach du meine Güte!", sagte er. „Na, denn kommse ma rin."

Wir gingen in den Flur, eine berauschende Wärme strömte uns entgegen, wir wurden in ein Zimmer geschoben, das Licht blendete, ein großer Hund lief auf uns zu, und die ganze Zeit redeten der Mann und die Frau auf meine Mutter ein, die immerzu weinte. Sie holten Decken, wickelten uns darin ein, gaben uns heißen Tee zu trinken und warme Suppe zu essen, und dann durften wir in ihrer Stube auf der ausgeklappten Couch schlafen.

Vor meinen Augen tanzten Sterne. Meine Finger schmerzten vom Frost. Und während ich auf der Couch an der Seite meiner Schwestern allmählich auftaute, hörte ich, wie meine Mutter unseren Gastgebern alles noch einmal und noch einmal erzählte, als könne sie es selber gar nicht fassen: Die Zugfahrt, die Bockwurst, den Schuhkauf, das Blitzeis, das Unwetter, den Bus, den Motorschaden, die ausgerissene Tür, sogar die einsame Oma und die Hühner erwähnte sie. Und zwischendurch bedankte sie sich andauernd und weinte und lachte, mit einer ganz weichen Stimme. So hatte ich sie noch nie lachen gehört.

Mein Blut pulsierte. Meine Haut brannte.

Ich schloss die Augen und fühlte das alles als ein großes, wunderbares Geschenk: Das schöne Lachen meiner Mutter. Das Gemurmel der Stimmen. Das Aufgenommenwordensein. Die Wärme des Ofens. Das Einkringelndürfen. Die Körper meiner Schwestern. Und den großen, braunen Hund, der neben der Couch saß und mir unendlich geduldig mit seiner rauen Zunge die Hände warm leckte.

Zu Hause

Es war einmal ein kleines Mädchen, das hatte weder Vater noch Mutter. Die waren ihm irgendwie abhanden gekommen. So lief es also allein durch die Straßen und Gassen, und wenn es etwas zu Essen fand, freute es sich. Und wenn es ein warmes Plätzchen zum Schlafen fand, freute es sich noch mehr.

Oft traf das kleine Mädchen bei seinem Herumlaufen auf andere Menschen, die auch durch die Straßen und Gassen gingen, sich bisweilen kannten, miteinander sprachen, sich begrüßten und verabschiedeten. Und wenn sie sich verabschiedeten, sagten sie oft zueinander: „Komm gut nach Hause."

„Ja, du auch, komm du auch gut nach Hause."

Das Mädchen hörte diese Worte immer wieder. Und so blieb nicht aus, dass es sich irgendwann fragte, was damit denn wohl gemeint sein könnte.

Das wollte es gerne herausfinden. Also fragte es einen alten Mann, der gerade vorbeiging: „Alter Mann, kannst du mir sagen, was ein zu Hause ist?"

Der Alte sagte: „Wo es Brot gibt, dort ist zu Hause."

„Aha", sagte das Mädchen. „Danke."

Aber nach einer Weile dachte es bei sich: „Merkwürdig. Wo es Brot gibt, das ist doch der Bäcker."

Also fragte es weiter. Den einen oder anderen. Wie es sich gerade ergab.

Eine Frau sagte: „Wo einer sagt: Komm rein. Das ist zu Hause."

Ein Kind sagte: „Wo man ein Bett hat, dort ist zu Hause."

Ein Greis sagte: „Vier Wände und ein Dach überm Kopf."

Andere: „Wo es einen Stuhl und einen Tisch gibt. Und auf dem Tisch steht abends die Suppe."

„Wo es gemütlich ist, wo man eine Kerze anzündet."

„Wo einer sagt: Schön, dass du da bist."

Ein Mann sagte: „Willst du mitkommen in mein Zuhause?" Aber der Mann war dem Mädchen etwas unheimlich. Und so klein war das Mädchen nun auch wieder nicht, dass es mitgegangen wäre mit einem, der ihm unheimlich war. Also sagte es: „Nein, das will ich nicht." Und ging weiter.

Eine Weile fragte es nun niemanden mehr. Stattdessen dachte es über die vielen Antworten nach, die es bekommen hatte, wurde aber nicht recht schlau aus ihnen.

Schließlich sagte es zu sich selbst: „Einen einzigen Menschen will ich noch fragen, und wenn ich es dann immer noch nicht verstehe, dann will ich nicht länger darüber nachdenken."

Inzwischen war es Winter geworden. Die Bürgersteige hatten eine dünne Eishaut, der Wind blies kalt und unbarmherzig durch die Straßen und trieb ein paar glitzernde Flocken vor sich her. Das kleine Mädchen hatte sich so gut es ging in seinen Pullover gekuschelt und sich vor der Kälte in einem Hausvorsprung verkrochen, nahe einer Tür.

Da kam eine dicke Frau die Straße herunter, die trug einen weißen Wollmantel, rechts und links zwei große Einkaufstaschen und auf dem Kopf eine riesige Pudelmütze mit Norwegermuster. Die Mütze war so groß, dass es von Weitem schien, als hätte die Frau auf dem Kopf noch einen Kopf. Da musste das Mädchen lachen, denn die Frau sah ein bisschen wie ein freundlicher, dicker Schneemann aus.

Die will ich fragen, dachte es.

Und als die Frau herangekommen war, sagte das Mädchen: „Guten Tag, Frau, kannst du mir sagen, was ein zu Hause ist?"

Da lächelte die Frau, klopfte sich umständlich den Schnee vom Mantel und nickte zufrieden. Sie holte einen Schlüssel aus der Tasche, schloss die Haustür auf und sagte: „Komm rein!"

Das Mädchen ging hinter ihr her. Sie stiegen eine hölzerne Treppe hinauf und kamen in eine Wohnung, die hatte vier Wände und ein Dach. Und in der Küche standen ein Stuhl und ein Tisch, und auf dem Tisch stand ein Topf mit Erbsensuppe.

„Ich mache uns mal die Suppe warm“, sagte die Frau. „Setz dich doch. Möchtest du auch ein Stück Brot?“

„Gern“, sagte das Mädchen.

Die Frau stellte den Topf auf den Herd. Bald begann es in der Küche herrlich zu duften. Die Frau schnitt das Brot, zündete eine Kerze an und es wurde immer gemütlicher.

„Schön, dass du da bist“, sagte die Frau, als sie aßen. „Und wenn du möchtest, im kleinen Zimmer gibt es ein Bett, dort kannst du schlafen.“

„Ja, gern“, sagte das Mädchen, sah ihr in die Augen, dachte an die vielen Antworten der fremden Menschen, die es bekommen hatte, freute sich, dass es sie nun verstand, lächelte und steckte sich einen Löffel Erbsensuppe in den Mund.

Das Jahr, in dem Weihnachten ausfiel

An einem Dezembertag mitten in der Stadt machte eine der großen Uhren an einer Straßenkreuzung plötzlich Feierabend. Ihr Minutenzeiger sagte noch einmal leise „Klick“. Ihr Stundenzeiger sagte noch einmal „Klack“ – dann stand sie still.

Zuerst merkte es keiner. Erst als die zweite, die dritte, die vierte, fünfte, sechste und die siebte Uhr stehenblieben, fiel das manchen Leuten auf, die zufällig auf dem Heimweg zu einer hinsahen. Doch sie dachten sich nichts weiter dabei.

Am nächsten Morgen aber wunderten sich die Menschen, dass sie sich plötzlich so ausgeschlafen fühlten. Und als sie aus dem Haus gingen, stellten sie fest, dass nicht nur ihre Wecker zu Hause, sondern alle Uhren in der ganzen Stadt stillstanden. Die Uhr an der Kreuzung zeigte halb acht, die Bahnhofsuhr zwölf, die Apothekenuhr viertel nach sieben, eine Bäckeruhr zehn nach sechs und immer so weiter. Kein Zeiger, keine Digitalanzeige, keine Unruhe, kein Zählwerk rührten sich mehr. Die Armbanduhren hatten aufgehört zu ticken und sämtliche Handys, iPhones, Laptops und Computer zeigten alles Mögliche, außer der Uhrzeit.

Nun wusste natürlich kein Mensch mehr, wie spät es war. Und da nach und nach auch die elektronischen Anzeigen des Datums ausfielen, war sich schon drei Tage später niemand mehr sicher, welchen Tag man überhaupt hatte.

Eine enorme Aufregung setzte ein. Das Fernsehprogramm brach zusammen, alle Computer spielten verrückt, die Reisenden wussten nicht mehr, wann welche Züge fuhren, die Lokführer wussten es auch nicht, Verkäufer konnten nicht entscheiden, wann sie ihre Läden öffnen und schließen sollten, Lehrer wussten nicht, wann ihre Stunden begannen, Schüler nicht, wann sie aufhörten, Arbeiter nicht, wann sie losarbeiten sollten, denn natürlich waren auch die Stechuhren ausgefallen. Wissenschaftler prophezeiten den allgemeinen Kollaps, Politiker den Zusammenbruch der Wirtschaft, Psychologen die Zunahme von Selbstmorden.

Aber so kam es gar nicht.

Nachdem ein paar Wochen lang Chaos geherrscht hatte, stellten die Menschen erstaunt fest, dass es ihnen eigentlich ganz gut ging. Genaugenommen sogar besser als vorher. Die Tage kamen ihnen viel länger vor, obwohl doch Winter war. Sie schienen mit einem mal mehr Zeit zum Leben zu haben, erinnerten sich an ihre Freunde, besuchten sich häufiger in ihren Wohnungen, sprachen öfter und länger miteinander, fühlten sich weniger gehetzt, bekamen mehr Schlaf, wurden gesünder und sahen alles viel lockerer.

Da die Uhren unnütz geworden waren, hatten die Leute sie weggeworfen und sich nach und nach an etwas anderem orientiert. Jetzt standen sie auf, wenn sie munter waren, aßen, wenn sie Hunger hatten, arbeiteten, solange sie Lust und Kraft dazu hatten, nahmen sich für alles die nötige Zeit, brachten ihre angefangenen Projekte zu Ende, und gingen schlafen, wenn sie müde waren.

Natürlich gab es einige, die das nicht gleich aushielten. Das waren die, die sich immer an äußeren Maßstäben orientiert hatten und denen es schwerfiel zu merken, was sie brauchten. Aber auch die lernten es bald.

Weihnachten allerdings war in jenem Jahr der ganzen Aufregung halber völlig untergegangen. Doch man wurde sich schnell einig, dass man auch mit diesem Fest am besten so umgehen sollte wie mit dem restlichen Leben. Jeder sollte es einfach dann feiern, wenn ihm danach zumute war, und so, dass er sich damit rundherum wohlfühlte.

Das war eine gute Entscheidung, und so haben es die Leute dann auch gehalten.

Das Krippenhuhn

Ja, da staunen Sie, was? Fünfundfünfzig Jahre ist die jetzt alt. Meine Krippe.

Der Nachbar hat nämlich Zigarren geraucht, und als ich wieder einmal borgen ging, sah ich die Kiste. Dünnes, helles Holz. Schönes Holz. Deckel und Boden groß genug, zwei Figuren auszusägen. Und vielleicht aus den Seiten noch ein paar kleine Schafe, dachte ich. Und mir hüpfte das Herz im Leibe. Es gab ja kein Sperrholz achtundvierzig.

Er war ein Grummelpott. Ich musste all meinen Mut zusammennehmen, um ihn zu fragen. Er guckte so schräg, wie er immer guckte, wenn arme Leute was von ihm wollten. Und dann sagte er: „Ja, ich gebe sie Ihnen. Zehn Eier die Kiste."

Ich wollte immer eine Krippe haben. Schon als Kind. In der Kirche bei uns war eine ganz große, geschnitzte. Da habe ich so oft gestanden und mir vorgestellt, wie das wohl gewesen wäre, wenn ich damals gelebt hätte und meine Mutter mich mitgenommen hätte zum Stall und wir uns das Jesuskind leibhaftig angesehen hätten... Wenn ich mir das ganz fest vorstellte, dann war mir, als wäre ich wirklich dort in Bethlehem und das Kind lachte mich an und das Licht in

Josephs Laterne funkelte mir zu. Als ich siebzehn war, war der Krieg zu Ende. Wir mussten raus. Drei Monate waren wir zu Fuß unterwegs. In der Zeit hab ich oft an die Krippe von zu Hause gedacht. Da weiß man, was das bedeutet: Ein Stall, warmes Stroh, irgendwo unterkommen ... In der Zeit hab ich mir geschworen: Wenn ich mal eine Wohnung habe, ein eigenes zu Hause, dann baue ich mir selbst meine Weihnachtskrippe!

Wir hatten zwei Hühner, die fraßen mehr als sie Eier legten. Denen erzählte ich von der Krippe. Sie strengten sich an. Ich sparte noch mehr als sonst und im Frühjahr kaufte ich drei Küken. Eins davon wurde ein Hahn.

Ich zeichnete die Figuren. Maria natürlich, Joseph, das Jesuskind, zwei Hirten, die Heiligen drei Könige. Zwei Kühe, einen Esel, sechs Schafe, zwei Lämmer.

Dann fand ich, dass da auch Frauen zum Stall kommen müssten. Ist doch richtig, oder? Schließlich wäre ich damals mit meiner Mutter auch gerne hingegangen. Immer stehen da all die Hirten und Könige, und Maria würde sich doch bestimmt freuen, wenn auch ein paar Frauen da sein würden, die was von kleinen Kindern verstehen. Schließlich war es ihr erstes.

Also zeichnete ich noch eine junge Frau mit zwei Kindern und eine alte. Wann immer ich konnte, nahm ich den Bleistift. Kamele für die Könige. Zwei schöne Palmen. Einen Hütehund für die Schafe. Immer mehr Figuren fielen mir ein.

Währenddessen gaben sich die Hühner und der Hahn alle Mühe. Nach zwei Jahren hatte ich elf Zigarrenkisten. Ich bin meinen Hühnern heute noch dankbar. Der Nachbar wollte wissen, was ich denn um Gottes Willen mit all den Zigarrenkisten anfange. Ich hab bloß gesagt: „Das ist mein Geheimnis."

Beim Tischler borgte ich mir eine Laubsäge. Die Sägeblätter waren damals sehr teuer und obwohl ich sie ganz vorsichtig behandelte, rissen mir zwei. Deshalb kam ich nicht so schnell voran. Ich musste immer erst aufs nächste Sägeblatt sparen.

Der Fahrradhändler wunderte sich zwar, aber er gab mir seine leeren Lacktöpfchen. Da war immer ein kleiner Rest drin. Leider hatte er kein Gelb. Deshalb sind die Gesichter so rosa.

Drei Jahre hat es gedauert. 1951 hatte ich sie fertig. Das war ein Fest, sage ich Ihnen! Ganz feierlich habe ich alle Figuren aufgestellt, eine Kerze davor, das Licht im Zimmer ausgemacht und gedacht: So, jetzt bist du zu Hause. Du hast ein Dach überm Kopf und ein Bett. Du kannst zufrieden sein.

Jetzt bin ich achtzig.

Hier ist sie, meine Krippe.

Ich freue mich immer das ganze Jahr drauf, sie aufzubauen.

In der Adventszeit hole ich frisches Moos aus dem Wald und lege es um die Figuren herum. Wie das duftet!

Zigarrenkisten und Fahrradlack. Ist sie nicht schön?

Ach ja, sehen Sie das kleine Huhn? Direkt neben Maria? Es schläft. Ich weiß, eigentlich gibt es keine Hühner im Stall von Bethlehem, aber Sie werden verstehen …

Joseph und seine Liebe

Mein Großvater starb, als ich zwei war.

Er hieß Joseph.

Wie der aus der Bibel.

Immer, wenn ich zu Weihnachten ein paar Zuckerkringel vom Baum nasche, fällt er mir ein. Er war ein kleiner, aber kraftvoller und eigenwilliger Mensch, einer, der sich einen Rest gesunden kindlichen Trotzes und Humors bewahrt hatte, auch in harten Zeiten. Auf alten Fotos schaut er selbstbewusst in die Kamera, mein roter Großvater, ein Mensch mit einer katholischen Ehefrau und Überzeugungen. Von Beruf war er Maurer. Berichtet wurde mir von ihm, dass er sich nicht nur weigerte, mit Frau und Kindern in die Mitternachtsmesse zur Weihnacht zu gehen (vermutlich war er der Einzige aus dem Dorf, der sich das herausnahm), sondern dass er gar zur selben Zeit, während der Rest seiner Familie das Ave Maria sang, vergnügt ein paar Zuckerkringel vom häuslichen Weihnachtsbaum entfernte und aufaß.

Sein gespaltenes Verhältnis zur Kirche hatte er nicht von Geburt an. Seine Mutter war eine fromme Frau gewesen und hatte alles getan, ihre sechs Kinder im rechten Glauben zu unterweisen. Sein Zorn war schlagartig ausgebrochen, gleich einem Waldbrand im Juli, an dem Tag, an dem der Priester dieser frommen, gottesfürchtigen Mutter die christliche Beerdigung auf dem Friedhof verweigerte. Sie hatte sich nach zwanzigjähriger Krankheit das Leben genommen. Sie hatte durchhalten wollen und hatte es nicht geschafft. Sie wurde außerhalb der Friedhofsmauern beerdigt.

Seit diesem Tag hat mein Großvater nie wieder eine Kirche betreten.

Er wurde zum Außenseiter. Zum Sonderling. Er tat grundsätzlich nur, was er für richtig hielt, und scherte sich weder um das übliche Gerede im Dorf noch um Drohungen. So soll er 1940, als ein Mann vor seiner Tür stand und ihn zwingen wollte, eine deutsche Kriegszeitschrift zu abonnieren, seine beiden Ziegen aus dem Stall geholt und freigelassen haben, die dafür bekannt waren, bissig zu sein. Der Mann kam nie wieder.

Berichtet wurde mir auch, dass er sich leidenschaftlich für Gerechtigkeit einsetzte und sich nicht den Mund verbieten ließ. Er fand, nicht nur die Maurer, sondern alle Arbeiter bekämen zu wenig Lohn, und so trug er an jedem 1. Mai die rote Fahne und wurde an jedem 2. Mai entlassen. Was zu familiärer Geldnot führte, aber nicht dazu, dass er das Fahnentragen ließ.

Seine Frau machte ihm Vorwürfe, jammerte über das fehlende Geld, er aber suchte nach einer Lösung und begann, hinterm Haus Aprikosen anzubauen, die im Sommer verkauft werden konnten, damit im Winter Geld da war für Brot.

Wenn meine Mutter vom Duft und vom Geschmack reifer Aprikosen schwärmte, wenn sie erzählte, wie ihr Vater seine Aprikosenbäumchen pflegte, wie er sie im Frühjahr und im Herbst mit Ziegenjauche düngte, Eimer für Eimer zu ihnen hinschleppte, denn mittlerweile hatte er ein ganzes Feld voller Aprikosenbäumchen, wie er sie schnitt und verband und mit Pfählen stützte und vor dem Frost schützte, alles abends, wenn er vom Bau kam, und wie er weinte vor Glück über die rosa Blütenpracht im März, dann wusste ich, dass er ein Liebender gewesen war.

Ich hätte ihn wohl gemocht.

Ich hätte ihn nicht nur gemocht, ich hätte ihn auch gebraucht.

Leider konnte ich ihn als den Menschen, als der er mir später geschildert wurde, nicht mehr kennenlernen. Als ich ihn traf, war weder von seiner Liebe noch von seiner wunderbaren Kratzbürstigkeit etwas übrig. Beides war im Brand des Krieges zu Asche zerfallen. Er hatte sein Haus, seine Heimat, sein Dorf, seine Freunde, seine Ziegen und seine Aprikosenbäumchen verlassen müssen, er war vertrieben worden, hatte Flucht, Leid, Angst, Elend und Tod im Übermaß erlebt, und so sehr er immer geliebt und aufrichtig gestritten hatte, der Krieg hatte ihm die Sprache verschlagen.

Wie gern hätte ich ihn alles Mögliche gefragt. Wie gern hätte ich mir all die kuriosen und mutigen Geschichten seines Lebens noch einmal von ihm selbst erzählen lassen. Aber ich habe ihn nur noch als einen schweigenden alten Mann getroffen, der klein und zusammengesunken auf einem Holzhocker draußen im Hof saß, den Himmel betrachtete und sich nicht mehr scherte um Menschen, die an ihm vorbeigingen.

Der Hocker war sein Ein und Alles, mit brauner Fußbodenfarbe lackiert und viel zu klein für einen erwachsenen Mann. Vielleicht hatte er ihn aus seiner Heimat mitgebracht. Vielleicht hing er deshalb so an ihm. Ich weiß es nicht.

Mein Großvater starb, als ich zwei war.

Er hieß Joseph. Wie der aus der Bibel. Der bei seiner Verlobten blieb, obwohl sie ein Kind erwartete, das nicht von ihm sein konnte. Der bei ihr blieb und sich nicht auf sein Recht berief. Der sie nicht, wie nach damaliger Landessitte üblich, vor Gericht stellen und zu Tode steinigen ließ. Stattdessen blieb er bei ihr, hielt zu ihr, schützte und heiratete sie. Machte sich lächerlich. Aus Liebe.

Immer zu Weihnachten fällt mir dieser Großvater ein. Er, den ich noch sehen, aber nicht mehr kennenlernen konnte.

Und ich denke an diesen Eigenbrötler, Kriegsverschütteten, Flüchtling, Fahnenträger, Sozialisten, Aprikosenblütenliebhaber, der bis an sein Lebensende seine Angewohnheit beibehielt, Zuckerkringel vom Baum zu naschen, während der Rest der Familie in der Kirche war.

Übrigens, seine Frau soll im letzten Kriegsjahr oft mit ihm gestritten haben, ob er nicht endlich mal „das Politische" lassen könne, schließlich habe er eine Familie zu versorgen, es ginge ihnen selbst schlecht genug, und warum er sich dann immer noch um die anderen kümmern müsse, denen es schlecht ginge. Und überhaupt, dass es sich nicht gehöre, sich als Christ so aufzuführen.

Er sagte dazu: Das gehöre sich sehr wohl. Das gehöre sogar zusammen, dass man, wenn man Christ sei, etwas tun müsse gegen die Ungerechtigkeit in der Welt.

Diese Worte sind von ihm geblieben, über sein Schweigen hinaus. Darüber bin ich froh.

Vom Wert des Geldes

Ich war viereinhalb. Auf das halbe Jahr bestand ich, hieß es doch, dass ich so gut wie fünf war. Denn mit Zahlen kannte ich mich aus. Jedenfalls dem Namen nach. Ich hatte sie mir genau zeigen lassen, von meinen älteren Schwestern. Immer, wenn ich eine Zahl sah, hatte ich nachgefragt und sie mir gemerkt. Auch hatte ich bereits begriffen, dass die Null eine sehr eigenartige Zahl ist. Eigentlich bedeutete sie nichts, aber das galt bei Preisschildern nur, wenn sie hinter dem Komma stand. Stand sie vor dem Komma, bedeutete sie sogar sehr viel, da wurde schnell aus einer Eins eine Zehn und aus einer Zwei eine Zwanzig! Mittlerweile wusste ich sogar, dass die Zwei mit einer Fünf und einer Null dahinter Zweihundertfünfzig hieß! Obwohl die Zahl Zweihundertfünfzig so unglaublich anmutete, dass ich gar nicht erst versuchte, mir ihre Entsprechung in Lakritzstangen umzurechnen.

Ich rechnete nämlich alles in Lakritzstangen um. So konnte ich mir einen Preis viel besser vorstellen. Ein Brot kostete achtzig Pfennige, also acht Lakritzstangen. Genauso viel wie eine Schlager-Süßtafel. Und ein Schornsteinfeger aus Zuckerschaum kostete zehn Pfennige, genauso viel wie eine Lakritzstange. Wiederum bekam man für diese zehn Pfennige sage und schreibe fünf kleine gelb-rosa Zuckerstangen, weil jede von ihnen zwei Pfennige kostete.

Meine Beschäftigung mit all dem Geld war allerdings rein theoretischer Art, denn ich hatte keins. Taschengeld war damals noch nicht in Mode, weder für große noch für kleine Kinder. Deshalb gab es nur zwei Chancen, an Süßes zu kommen. Die erste war, auf der Straße einen Pfennig zu finden. Mit dem rannte ich dann schnurstracks zum Kaufmann, stellte mich an den Ladentisch und verlangte eine halbe Zuckerstange. „Die gelbe oder die rosa Hälfte?", fragte der Kaufmann freundlich, als hätte ich einen Schwarzwälder Hinterschinken verlangt. Ich nahm immer die gelbe, weil Gelb meine Lieblingsfarbe war.

Die zweite Chance auf Süßes hieß Frau Thriede. Frau Thriede wohnte parterre in der dunkelsten Ecke unseres dunklen Hinterhofes. Sie wohnte dort schon immer, und war, wohl weil sie so wenig Sonne abbekam, schon ganz zusammengeschrumpelt und so dünn, klein und unscheinbar, dass sie den meisten, die an ihrem hutzligen Fenster vorbeigingen, gar nicht auffiel. Und sie war uralt, der älteste Mensch, den man sich vorstellen konnte. Ganz allein lebte sie in ihrem

Zimmer mit Küche. Im Sommer war das Fenster zum Hof offen, dann hatte sie einen Stuhl vor die Tür gestellt, saß darauf und sah sich den Hof an. Im Winter waren Tür und Fenster verschlossen, und nur, wenn man genau hinsah, konnte man ihr kleines, runzliges Gesicht im halbdunklen Zimmer hinter der Scheibe erkennen.

Für uns Kinder war sie interessant, weil sie eine Leidenschaft hatte: Kinder. Immer, wenn ein Kind vorbeikam und guten Tag zu ihr sagte, antwortete sie: „Guten Tag! Wie geht es dir? Möchtest du vielleicht ein Bonbon?"

Man sollte ihr dann ein bisschen was erzählen vom Leben da draußen, was man gesehen und gehört und den Tag über so gemacht hatte. Es war eine recht einseitige Unterhaltung, denn Frau Thriede saß nur da, hörte zu und freute sich.

Ich hatte damals weder einen Begriff von arm oder reich, noch konnte ich mir unter Zahlen, die größer als zehn waren, wirklich etwas Konkretes vorstellen. Doch in jenem Jahr begriff ich wenige Tage vor Weihnachten erstmals, dass zu diesem Fest nicht nur Eltern ihren Kindern etwas schenken, sondern dass es auch umgekehrt geht. Ja geradezu erwartet wird. Meine Schwestern waren mit den phantastischsten Basteleien beschäftigt, allesamt Geschenke für meine Eltern.

Unmittelbar nach dieser gravierenden Erkenntnis beschloss

ich, dass meine Liebe zu meiner Mutter viel größer sei als die Liebe meiner Schwestern zu ihr und dass sich dies in meinem Geschenk unbedingt ausdrücken müsse. Fieberhaft durchsuchte ich meine Schubladen nach einem passenden Geschenk, ohne auf etwas Geeignetes zu stoßen. Weihnachten rückte unaufhaltsam näher, ich musste mich also beeilen. Basteln schied von vornherein aus, da ich nicht annähernd an die Geschicklichkeit meiner Schwestern heranreichte.

Also ging ich nach draußen und schlenderte ein bisschen die verschneiten Bürgersteige entlang. Und tatsächlich! Ehe ich mich versah, hatte ich ein Geschenk für meine Mutter gefunden. Es war ein Ring. Ein wunderschöner goldener Ring mit einem roten Stein. Ich war überzeugt, dass er ihr ausgezeichnet stehen würde. Der eingefasste Stein glitzerte und funkelte wie ein verzaubertes Winterfeuer. Keine Frage – das war genau der Ring für meine Mutter.

Es gab nur ein Problem. Der Ring lag im Schaufenster eines Schmuckladens, neben vielen anderen Ringen, Halsketten und Ohrringen. Voller Konzentration starrte ich auf das Preisschild, zählte die Stellen vor dem Komma und die hinter dem Komma, zog die Stirn in Falten und kam schließlich zu dem Ergebnis, dass dieser wunderbare Ring zweihundertfünfzig Mark kostete.

Aber ich hatte noch nicht mal einen einzigen Pfennig, wo sollte ich zweihundertfünfzig Mark hernehmen?

Eine Weile betrachtete ich den Ring, biss mir auf die Lippen und überlegte. Mir fiel nichts ein. Sollte ich den Mann im Laden fragen, ob er ihn mir einfach so gibt? Wegen Weihnachten? Ich traute mich nicht. Ich steckte die Hände in die Jackentaschen, wandte mich ab und lief durch den Schnee. Immer den Bürgersteig hoch und runter. Und jedes Mal, wenn ich am Schaufenster vorbei kam, sah der Ring schöner aus.

Vielleicht kann ich etwas verkaufen, überlegte ich. Aber was? Mein Teddy kam nicht in Frage. Ob man zweihundertfünfzig Mark mit Altpapier sammeln verdienen konnte? Aber ich durfte noch nicht allein zur Abgabestelle. Und meine Mutter zu fragen, ging ja nun nicht, das hätte alles verraten.

Plötzlich fiel mir Frau Thriede ein. Sie war doch immer so freundlich. Ich beschloss, sie zu fragen, sauste zum Hof zurück und klopfte an ihre Tür. Ich musste ein bisschen warten, dann hörte ich sie heranschlurfen, sie öffnete und sagte: „Ach, das ist aber schön, dass du mich besuchst. Komm nur herein."

Ich huschte in ihre winzige Küche, in der es nach Essig, Teer und feuchten Wänden roch. Die Kochmaschine war noch warm, und davor, auf einem Schemel, stand eine verrußte Petroleumlampe und warf ein zuckendes Licht durch den niedrigen Raum. Ich kam gleich zur Sache und sagte: „Frau Thiede, können Sie mir zweihundertfünfzig Mark schenken?"

Eine kurze Verwirrung huschte wie ein flackernder Schatten über ihr Gesicht. Gleich darauf lächelte sie mich an und sagte: „Das kann ich leider nicht, aber ich kann dir statt dessen zwei Bonbons geben."

Sie nahm die Dose vom Regal, holte zwei ihrer harten, in Zellophan gewickelten Zuckerbonbons hervor und legte sie mir in die Hand. Gleich zwei! Das hatte sie noch nie getan. Ich freute mich total, sagte danke, sie wünschte mir fröhliche Weihnachten, ich wünschte es ihr auch und sprang hinaus, die Treppe hoch, bis ins warme Kinderzimmer, selig, zwei Bonbons in der Tasche zu haben.

Ich habe Frau Thriede danach noch oft gesehen, habe ihr manchmal einen Teller mit Plätzchen, selbstgebackenem Kuchen oder im Sommer Obst aus dem Garten gebracht. Und nie, nicht ein einziges Mal, gab es eine Irritation zwischen uns. Nie kam sie auf meine merkwürdige Frage zu sprechen. Nie beschämte sie mich deswegen, auch nicht, als ich schon zur Schule ging und längst eine Ahnung hatte, um welch eine utopische Summe ich sie damals gebeten hatte.

Frau Thriede wurde immer durchsichtiger, dünner und

kleiner, bis sie eines Tages ganz verschwunden war. Ihre Wohnung wurde ein Abstellraum für Fahrräder, weil sich niemand fand, der in so einer armseligen Höhle wohnen wollte.

Und noch lange, wenn ich an den schmalen Fenstern vorbei ging, war mir, als nicke mir durch die dunklen Scheiben von innen jemand freundlich zu.

Herr Püschel und der Winter

Herr Püschel reißt seinen Blick vom Fenster los und versucht zu lesen. „Was heut noch glüht / ist bald versunken / Bald klirrt der Wind…“ Aber er kann sich nicht konzentrieren. Er ärgert sich über die Schwestern, die immer so tun, als wäre der Dezember der schönste Monat, den es gibt. Gestern haben sie Adventslieder gesungen. Vorgestern haben sie das Zimmer mit Tannenzweigen, Kugeln und Kerzen geschmückt. Mit Kerzen, die man nicht anzünden darf, wegen des Brandschutzes.

Herr Püschel hat ein Geheimnis. Und er muss aufpassen, dass es nicht rauskommt. Denn was er da tut, ist verboten.

Heute kann er es nicht tun. Heute und vielleicht die ganzen nächsten drei Monate nicht.

Er sitzt am Fenster, mit einem Buch in der Hand, und schaut hinaus. Schweigsam schaut er hinaus, sehnsüchtig und ängstlich.

Gross sagt, er habe wieder seine Launen.

Im Grunde hat er ja Glück mit seinem Zimmernachbarn Herrn Gross. Er hat Absprachen mit ihm getroffen. Falls zum

Beispiel Schwester Sieglinde ins Zimmer kommt, wenn Herr Püschel mit seinem Geheimnis beschäftigt ist, dann soll Gross sagen, er wäre gerade auf der Toilette. Oder beim Friseur in der zweiten Etage. Oder bei einer Untersuchung. Aber das mit der Untersuchung soll er nur im Notfall sagen, denn Schwester Sieglinde könnte nachfragen. Oder Bescheid wissen, dass an dem Tag gar keine Untersuchungen sind.

So ist es abgesprochen mit Gross, und Herr Püschel hofft sehr, dass dieser seine Rolle gut spielt. Denn er möchte ja wohnen bleiben hier, das schon. Manchmal fragt er sich, ob Gross wirklich vertrauenswürdig ist. Ob er nicht eines Tages aus reiner Gehässigkeit den Schwestern etwas Falsches sagen könnte. Er hat nämlich auch seine Launen, dieser Zimmergenosse. Herr Püschel versteht das. So ist das im Alter.

Seine eigenen Launen sind stiller und betreffen mehr ihn selbst. Meist treten sie im Winter auf und haben mit der Sehnsucht zu tun. Denn im Winter kann er nicht raus.

Herr Püschel ist achtundachtzig. Und nicht mehr gut zu Fuß. Er hat zwei Krücken, das hilft etwas, aber von Eleganz kann keine Rede mehr sein. Das Einzige, was Gottlob noch gut funktioniert, sind seine Augen. Er sitzt viel am Fenster und liest.

Das war auch der Grund, warum er sie damals entdeckt hat. An einem Tag im Mai vor zweieinhalb Jahren. Der 8. Mai war es. Die Straße vor seinem Fenster ist ja nicht groß. Nur selten fahren dort Autos entlang. Er las gerade Hesse. Vergänglichkeit. Er liebt diese Gedichte. Und wirklich trifft ihn immer diese Zeile am meisten, in der es heißt: „Ihre Augen will ich wiedersehn / ihr Blick ist mein Stern / alles andre mag gehn und verwehn …“ So war es auch an dem Tag gewesen.

Er hatte tief Luft holen müssen über diese feinen Worte des Dichters, tief Luft holen, denn fast waren ihm die Tränen gekommen. Und das hatte er nicht gewollt. Nicht vor seinem Zimmernachbarn. Weil Gross keinen guten Tag gehabt und schon beim Frühstück wieder so derbe Sprüche gemacht hatte. Er hatte ihm keine Tränen zeigen wollen. Und darum hatte er sich abgewandt, aus dem Fenster gesehen und diese wunderbaren Worte auf der Zunge nachgeschmeckt.

Das Fenster war angekippt gewesen, der Himmel blau, die Luft, die hereinwehte, mild. „Ihr Blick ist mein Stern …“ Und da hatte er sie gesehen. Sie hatte genau gegenüber auf dem Balkon gestanden und Stiefmütterchen gepflanzt. An der rechten Ecke des Balkons, neben den Stiefmütterchen, war ein Futterhaus für Vögel gewesen, mit einem Dach aus Stroh. Und es waren orange Stiefmütterchen, die die Frühlingssonne auffingen und wie ein Leuchtfeuer zu ihm her warfen. Sie hatte eine weiße Bluse mit grünem Muster angehabt und ihr

Haar war leicht und etwas wild gewesen, wie ein zerzaustes Vögelchen.

Herr Püschel kann sich heute nicht mehr genau erinnern, wie lange er sie damals anstarrte. Aber es musste ziemlich lange gewesen sein. Er war erst zu sich gekommen, als Gross ihn anfuhr und fragte, ob er tot sei oder warum sonst er nicht reagiere. Es sei Essenszeit und er hätte ihn jetzt schon dreimal gefragt, ob er nun mitkäme in den Speiseraum.

Zwei Wochen hatte er damals gebraucht, um seinen Mut zusammenzunehmen.

Der Balkon gegenüber war immer bunter geworden. Am 22. Mai hatte er sich, als Gross auf der Toilette war, schnell dessen Aftershave gegriffen und sich eingesprüht, hatte seinen dunklen Anzug angezogen und war aus dem Haus gegangen, ohne jemandem etwas zu sagen. Das war verboten. Man durfte das Haus nur verlassen, wenn man vorher gefragt hatte. Und auch nur, wenn jemand vom Personal Zeit hatte, einen zu begleiten.

Im Grunde wohnt Herr Püschel gerne hier. Meist versteht er sich mit Gross, obwohl er schon lieber einen friedfertigeren Zimmerkollegen hätte, oder vielleicht einen, der auch Gedichte mag. Manchmal würde er auch lieber allein wohnen. Aber es ist schon beruhigend zu wissen, dass Schwestern da sind, falls mal etwas ist. Nur diese Regelung mit dem Ausgang, damit ist er nicht einverstanden.

„Zu Ihrer eigenen Sicherheit!", hatte die Schwester bei der Aufnahme gesagt. Und er hatte es unterschreiben müssen. Ob sie ihn rauswerfen würden, wenn sie hinter sein Geheimnis kämen?

Es war genau die Zeit gewesen, zu der sie immer auf den Balkon gegangen war. Am späten Vormittag gegen elf Uhr. Er hatte die Straße überquert und sich ein paar Schritte neben ihren Balkon gestellt.

Und dann kam sie.

„Schöne Blumen haben Sie da!", hatte er gerufen, so laut er konnte. Aber so laut hätte er gar nicht sein müssen. Ihre Ohren waren so gut wie seine Augen. Und sie hatte sich vorgebeugt und ihn angelächelt. Sternenhaft. Er hatte versucht, sich seine Aufregung nicht anmerken zu lassen und nicht daran zu denken, dass eine von den Schwestern zufällig aus dem Fenster schauen und ihn entdecken könnte. Sie hatten sich erst ein bisschen über ihre Blumen unterhalten, dann hatte er von seinem alten Garten erzählt, und sie hatte ganz leuchtende Augen bekommen. Sie hätte auch einmal einen Garten gehabt, hatte sie gesagt, und der fehle ihr immer noch.

Es war so leicht gewesen, mit ihr ins Gespräch zu kommen, viel leichter, als er sich das vorgestellt hatte. Und erst, als sie ihn fragte, ob er vielleicht Zeit hätte, auf einen Kaffee herein zu kommen, hatte er erschreckt auf die Uhr geblickt und gesehen, dass er sofort zum Mittagessen musste.

Seitdem geht er zwei Mal die Woche zu ihr. Dienstags und freitags. Die Tage, an denen es am wenigsten auffällt. Er ist sehr glücklich an diesen Tagen. Er kann sich nichts Schöneres vorstellen, als sie zu besuchen, vom Garten zu sprechen, ihren Geschichten zu lauschen und seine zu erzählen. Sie hört nicht nur zu, sie fragt sogar nach. Und wenn sie erzählt, dann leuchten ihre Augen.

In diesem Oktober hatte er das Buch mit den Hesse-Gedichten mit auf die andere Straßenseite genommen und ihr daraus vorgelesen. Auch „Vergänglichkeit" hatte er ihr vorgelesen, mehrmals. „Vom Baum des Lebens fällt / mir Blatt um Blatt / o taumelbunte Welt / wie machst du satt / wie machst du satt und müd / wie machst du trunken …".

Sie hat es immer wieder hören wollen. Sie liebt es wie er. Und immer, wenn er an die Stelle kam, an der es heißt: „Ihre Augen will ich wiedersehn / ihr Blick ist mein Stern …", zitterte ihm ein wenig die Stimme. Und ihm war, als wüsste sie, dass diese Worte für ihren ersten gemeinsamen Moment standen.

Aber nun ist Dezember. Und er hat seine Launen. Es liegt Schnee. Er traut sich nicht hinaus. Die Straße ist klein, sie wird nicht geräumt. Auf dem Bürgersteig ist der Schnee plattgetreten und glatt wie ein Spiegel.

Im letzten Jahr musste er bis zum März warten, bis er wieder zu ihr konnte.

Er sitzt am Fenster, mit dem Buch in der Hand, und schaut hinaus. Normalerweise füllt sie einmal am Tag frisches Futter in ihr Vogelhaus. Aber heute war sie noch nicht da. Und zu seiner Sehnsucht schleicht sich Angst.

Herr Püschel mag den Winter nicht. Schließlich hat er nicht mehr viel Zeit. Und von dieser wenigen Zeit nimmt ihm der Winter alljährlich noch drei kostbare Monate. Er hofft, dass ihr nichts geschehen ist. Dass sie nur wegen der Kälte nicht auf den Balkon geht. Dass er im März mit dem Buch unterm Arm die Straße überqueren und an ihrer Tür klingeln und sie öffnen wird. Sie wird zwei Tassen Kaffee kochen, er wird das Buch aus der Tasche ziehen und ihr vorlesen. Sie wird lächeln und er wird glücklich sein.

Er reißt seinen Blick vom Fenster los und versucht zu lesen. „Was heut noch glüht / ist bald versunken / Bald klirrt der Wind …" Aber er kann sich nicht konzentrieren.

Er ärgert sich über die Schwestern, die immer so tun, als

wäre der Dezember der schönste Monat, den es gibt. Gestern haben sie auf dem Flur Adventslieder gesungen. Vorgestern haben sie das Zimmer mit Tannenzweigen, Kugeln und Kerzen geschmückt.

Mit Kerzen, die man nicht anzünden darf, wegen des Brandschutzes.

Gefährliche Spekulatius

Ich bin in meinem Leben nur einmal in Ohnmacht gefallen. Kurz nach meinem achten Geburtstag. Und das lag an den Spekulatius. Vielmehr an der Dose, in der sie aufbewahrt wurden. Einer großen, zylindrischen, rot lackierten Blechdose. Auf der war ein alter Mann abgebildet, der eine Sackkarre schob. Er trug eine schwarze Uniform mit Goldknöpfen, hatte ein schwarzes Käppi auf dem Kopf und über der Uniform prangte eine weiße Schürze. Und auf der Sackkarre, die er mit sicherem Griff lenkte, stand eine zweite rote Dose, etwas kleiner als die erste, auf dieser war wieder solch ein Mann, der eine Sackkarre schob, schwarze Uniform, Goldknöpfe, Käppi, Schürze, alles etwas kleiner als vorher, und natürlich hatte der Mann auf der zweiten Dose auch wieder eine Sackkarre mit einer etwas kleineren Dose darauf und auf dieser war ein noch kleinerer Mann, Uniform, Goldknöpfe, Käppi, Schürze, und auch der schob wieder eine Sackkarre vor sich her mit noch einer roten Dose, noch einem Mann und immer so weiter. Diese immer winziger werdenden alten

Männer mit Sackkarren mit roten Dosen, die irgendwann zu einem beklemmenden Punkt verschmolzen, aber dennoch niemals aufhörten, bannten mich. Ich war nicht in der Lage, meinen Blick von ihnen abzuwenden. Wie unter Zwang versuchte ich, noch einen und noch einen der kleinen Männer zu erkennen, die ja da sein mussten, nur eben zu klein für meine Augen, und je länger ich auf diesen Punkt starrte, der aus Abermillionen ineinander geschachtelter alter Männer und Sackkarren und Dosen bestand, umso grausamer packte mich die Erkenntnis menschlicher Haltlosigkeit und Verlorenheit, umso mächtiger wurde der unheimliche Strudel, der mich tiefer und tiefer in das Bild hineinzog, der mich dem Schock der Unendlichkeit preisgab, der Unendlichkeit, in der sich aller Sinn verlor, der Unendlichkeit, der man nicht entkommen konnte und die nach meiner inneren Existenz griff, bis mir schwindlig wurde und ich umkippte.

Deswegen esse ich bis heute keine Spekulatius.

Glückskorn

Fragt mich jemand, wo die Zeit bleibt, fällt mir immer meine Großmutter väterlicherseits ein. Ich liebte sie. Ich war oft bei ihr. Und entgegen der in der Welt der Großen verbreiteten Meinung, dass Kinder erst dann etwas taugen, wenn aus ihnen langweilige Erwachsene geworden sind, gab sie mir immer das Gefühl, einmalig zu sein. Ja, manchmal schaute sie mich an, als beneide sie mich.

Meine Großmutter hatte eine Menge Marotten, keinen Fernseher und drei Sanduhren: Eine Eieruhr von vier Minuten, eine Kartoffeluhr von dreißig Minuten und ein Stundenglas.

Vor letzterem, einem riesigen Doppelglaskolben in blitzblanker Messingumhüllung, saß ich oft und schaute dem rieselnden Sand zu. Da sah ich, wo die Zeit blieb: Unten nämlich. Da konnte ich den Berg dessen, was dahin war, beim Wachsen beobachten. Allmählich bildete sich auf dem Boden des unteren Kolbens ein Häuflein Vergangenheit, während oben die Zukunft langsam schwand, und schön anschaulich dazwischen, nicht zu fassen, ein verrinnendes Etwas: Die Gegenwart.

Ich kann mich noch genau an die Faszination erinnern, an den leisen Schauer, den ich empfand, wenn ich den feinen, weißen Sand zwischen dem Geburtskanal und dem unteren Boden stürzen sah. Eine eigentümliche Beruhigung ging von diesem steten, stillen Fallen aus. Sandkorn für Sandkorn landete auf der Spitze des Berges, bis alles in sich zusammenrutschte und der Berg eine neue Gestalt annahm.

Meine Großmutter fand es nicht im Mindesten merkwürdig, wenn ich halbe Tage damit verbrachte, dem verrinnenden Sand zuzuschauen. Auch sie besaß schließlich die Fähigkeit, stundenlang mit zufriedenem Gesicht dazusitzen, ohne etwas zu tun. Oder sie erzählte mir Märchen und bastelte nebenher kleine Püppchen aus Papier, die die verschiedenen Märchenfiguren darstellten. War das Märchen zu Ende, öffnete sie die Ofentür und warf die Püppchen ins Feuer, was mich furchtbar aufregte, sie jedoch allenfalls zu der lakonischen Bemerkung veranlasste: „Wichtig ist, was übrig bleibt."

Wie gesagt, meine Großmutter hatte etliche Marotten. Eine war die eigentümliche Angewohnheit, abends ein Weizenkorn in ein kleines, rotes Samtsäckchen zu stecken. Und obwohl sie die kinderfreundlichste Oma der Welt war und uns Enkeln so gut wie alles erlaubte, an das heilige Säckchen durften wir nicht.

Irgendwann muss sie es mir erzählt haben. Da wusste ich dann, dass jedes Weizenkorn für einen guten Tag stand.

Je älter ich aber wurde und je präziser meine Vorstellung von der Dauer einer Woche, eines Monats und eines Jahres sich gestaltete, je genauer ich mir die Dauer eines langen Lebens vorstellen konnte, desto öfter fragte ich mich, warum das geheimnisvolle Säckchen nicht mittlerweile aus allen Nähten platzte.

Das Säckchen hing an der Wand, über dem Kopfende ihres Bettes, direkt unter dem Kreuz aus Holz und sah sehr alt und schön aus. Es war ungefähr so groß wie ein Brillenetui. Sein Samt war dunkelrot und an einigen Stellen zerschlissen. Unten hatte es glitzerrote Fransen. Auf seiner Vorderseite waren rote und marineblaue Glasperlen aufgestickt. Und oben wurde es von einer feinen, roten Kordel zusammengehalten, die so dünn war, dass ich immer befürchtete, sie würde reißen und alle Körner würden sich über das Bett meiner Großmutter ergießen.

Das Säckchen roch nach Staub. Ja, ich muss es wohl oder übel zugeben. Ich habe es trotz des Verbotes in die Hand genommen und daran geschnuppert. Da war ich elf und verwegen genug. Meine Oma war beim Arzt. Ich tat es voller Gewissensbisse und mit großer Angst, etwas an dem heiligen Ding kaputt zu machen. Aber es ging nicht mehr anders. Zu lange hatte das Geheimnis mich angespannt, ich hielt es nicht mehr aus. Mein Plan war, den Inhalt des Säckchens in eine

Schüssel zu schütten und zu durchsuchen. Denn im Laufe der Jahre hatte sich in mir die Gewissheit festgesetzt, dass das Säckchen bei dieser Geheimniskrämerei nicht nur Körner enthalten könne. Ich vermutete etwas Wunderbares darin, einen Schatz vielleicht, ein Schmuckstück oder ein Familiengeheimnis. Ich wollte es endlich wissen.

Übrigens sah ich meine Großmutter mit dem Säckchen nur umgehen, wenn ich bei ihr übernachtete, denn sie nahm es niemals sonst in die Hand als abends vor dem Schlafengehen. Dann tat sie ein Korn hinein, zog die rote Kordel wieder zu, strich ein paar Mal wie verschämt über den weichen Stoff und hängte es mit liebevoller Geste an die Wand zurück.

Wo sie ihren Körnervorrat aufbewahrte, war auch kein Geheimnis. Sie buk zeitlebens ihr Brot selbst. In der Küche stand eine riesige Kaffeedose aus Blech, deren blauer Lack teilweise abgerieben war und das silberne Metall freigab. Sie reichte mir bis an die Brust. In dieser Dose war der goldgelbe Weizen. Ich durfte auch ohne weiteres mit den Händen darin wühlen. Aber kaum hatte so ein Körnchen seinen Platz in der Kaffeedose verlassen und war in das Säckchen gewandert, wurde es zum Mysterium.

An jenem übermütigen Nachmittag traute ich mich dann aber doch nicht, das Säckchen in eine Schüssel auszuleeren.

Schon als ich es von seinem Haken nahm, zitterten mir derart die Finger, als beginge ich ein Sakrileg. Ich hob es mit aller Behutsamkeit, zu der ich fähig war, herunter, nicht ohne mir vorher genau einzuprägen, wie es gehangen hatte, wie die Kordeln fielen, wie es wo Falten schlug, welche seiner Ecken weiter nach vorn stand, denn ich war von der Vorstellung besessen, meine Oma hätte das alles genau vor Augen. Nahm es und drückte meine Nase daran.

Ich weiß noch, wie ich da kauerte, nachdem ich von dem alten Holzbett heruntergeklettert war. Auf dem dicken, grünen Teppich hockte ich, direkt neben ihrem Bett, diesem Teppich wie aus Moos, der mir immer das Gefühl gab, ich säße auf einer Waldlichtung. Ich hielt meine Nase an das Wunderding und roch. Lange. Eindringlich. Ich wollte das Geheimnis herausriechen, wenn ich es schon nicht besehen und betasten konnte. Denn das Säckchen richtig durchzukneten und seinen Inhalt mit den Fingern zu entdecken, traute ich mich erst recht nicht. Was hätte ich aufs Spiel gesetzt angesichts der Fadenscheinigkeit des Stoffes! Wärme, Liebe, Großmutterumarmungen, ja, den ehrlichen Respekt, den sie mir entgegenbrachte und den ich sehr zu schätzen wusste.

Also durfte nur die Nase heran. Und diese Nase war so schrecklich plump, sie roch nur Staub, nichts weiter, keinen noch so feinen Schatz-, Schmuck- oder Geheimnisgeruch. Enttäuschung machte sich in mir breit.

Keine Minute zu früh hängte ich das Säckchen zurück, da hörte ich schon die Schritte meiner Oma auf der Treppe. Noch heute spüre ich den kalten Schweiß auf der Stirn. Krampfhaft versuchte ich mich zu erinnern, wie es denn nun gehangen hatte, wie denn die Falten gewesen waren, wie die Kordeln ... Es fiel mir beim besten Willen nicht mehr ein! Also ließ ich es, wie es war, sprang vom Bett herunter, strich hektisch die glänzende Überdecke glatt und raste in die Küche, um möglichst beschäftigt zu tun.

Als meine Oma mich gleich darauf begrüßte und die Lebkuchen auspackte, die sie unterwegs für uns gekauft hatte, kam ich mir wie Judas vor. Ich konnte das trockene Gebäck kaum herunterschlucken.

Ein paar Tage später hielt ich es nicht mehr aus und fragte sie, warum das Säckchen nicht platzte.

Sie sah mich verwundert an, dann nahm sie es von der Wand und legte es in ihre verschrumpelte, alte Hand. Sie wog es, als würde sie sein Gewicht schätzen.

„Mit fünfundzwanzig zog ich von zu Hause aus", begann sie, „zu deinem Opa. Wir hatten lange gespart, für die Hochzeit. Es war ja üblich, das ganze Dorf zur Feier einzuladen. So eine Hochzeit, das war das Ereignis! Das kannst du dir gar nicht vorstellen … Na ja, kurz und gut, all mein Reichtum war nichts mehr wert. Wegen der Inflation. Ein Stück Butter konnte ich für das ganze Geld kaufen. Aber egal. Die Hochzeit war trotzdem schön!"

„Und das Säckchen?"

„Ja, das hat mir meine Großmutter zum Abschied gegeben. Es sollte für die wertvollen Geschenke bestimmt sein, Schmuck, weißt du. Aber die Leute hatten ja nichts mehr. Sie hatten alles für Lebensmittel versetzt, auf dem Schwarzmarkt."

Jetzt schwieg meine Oma und ich dachte schon, sie erzählt das von den Körnern gar nicht mehr. Manchmal war sie auch schon ein bisschen durcheinander.

„Wann hast du denn nun angefangen …"

„Ach ja", sagte sie. „Weizen war das Einzige, was meine Großmutter noch hatte, und so tat sie eine Hand voll in das Säckchen und sagte, ich solle aus jedem Tag das Beste herausholen, so wie es der Weizen mit seinen Körnern macht. Als wir später das Feld hatten, habe ich ihn ausgesät. Und die neuen Körner geerntet. Für die war das Säckchen dann schon zu klein." Sie lächelte. „Damit sind wir übrigens durch die Hungerzeit gekommen."

„Und seit wann tust du nun abends ein Korn in das Säckchen?“

„So genau weiß ich das nicht mehr. Vielleicht seit ich dreißig bin, oder fünfunddreißig.“

„Oma, das kann nicht sein!“, protestierte ich. „Dann müsste das Säckchen doch längst platzen! Wenn du mit fünfunddreißig angefangen hast, jeden Abend ein Korn reinzutun, und jetzt bist du dreiundsiebzig!“

Sie sah mich erstaunt an. „Jeden Abend? Nein – nur wenn ich glücklich bin, tue ich eins rein. Außerdem“, setzte sie verschmitzt hinzu, „nehme ich ja manchmal auch wieder eins raus...“

„Du machst was?“

„Ja, wenn ich Schmerzen habe, schlechte Gedanken... Dann nehme ich abends eins raus und esse es. Schließlich bin ich nicht zum Leiden geboren.“

Ich verstand die Welt nicht mehr. „Aber warum?“, rief ich entsetzt. „Du bestrafst dich, wenn du nicht fröhlich bist?“

„Aber nein! Solche Tage, an denen es einem nicht gelingt, sich wenigstens ein bisschen zu freuen, die sind doch hart, oder?

Dann nehme ich mir ein Körnchen. Da ist die ganze schöne Erinnerung drin. Ich kaue darauf herum und gleich wird mir wieder besser. Nicht als Strafe, als Trost. Ein bisschen Glück braucht der Mensch doch jeden Tag…“

Ja, so war meine Großmutter. Sie hat zwei Weltkriege überstanden, ihren geliebten Mann verloren, sie brachte ihre Kinder allein durch die Nachkriegszeit und sie litt unter Rheuma. Nicht ein Mal habe ich sie klagen gehört.

Vor sieben Jahren ist sie gestorben und das Samtsäckchen hängt jetzt über meinem Bett.

Ich nehme es in die Hand. Ich streiche über den Stoff. Ich öffne es.

Ich schütte die Körner in eine Schüssel. Ich zähle.

Eintausendzweihundertdreiundsiebzig Körner Glück hat meine liebe Oma angesammelt.

Adventskranzgäste

Ein gellender Schrei aus der Nachbarwohnung, mitten in die Besinnlichkeit des ersten Advents hinein, ließ mich zusammenzucken. Ich stürzte ins Treppenhaus und lauschte. Doch jetzt war alles still.

In Sorge um meine betagte Nachbarin klingelte ich an ihrer Tür. Sie öffnete und wirkte etwas aufgelöst. Ihr Flur bot einen merkwürdigen Anblick: Vor dem Schrank lag gehäckseltes Stroh, ein Durcheinander von Tischdecken, heruntergefallenen Kartons, einer Spieluhr und zerbrochenen Weihnachtskugeln, sowie eine umgekippte Trittleiter. Es roch nach Wald.

„Alles in Ordnung?“, fragte ich.

„Aber wo kann sie nur sein?“, entgegnete sie.

„Wer?“

Sie erzählte, dass sie gestern ein paar Zweige Tanne gekauft und eben ihren Adventskranz habe binden wollen. Dafür benutze sie immer einen Strohkranz, den sie jedes Jahr wieder verwende und zwischenzeitlich im Flurschrank aufbewahre. Als sie den aber eben hatte herausholen wollen, wäre er plötzlich unter ihren Fingern zu Staub zerfallen und eine Maus sei daraus hervorgesprungen und über ihren Kopf hinweg durch den Flur gesegelt! Und zwar so schnell, dass sie nicht gucken konnte, wo die Maus geblieben wäre.

Froh, dass ihr nichts passiert war, beseitigten wir gemeinsam das Chaos, fegten Strohkrümel und Kugelscherben auf, klopften die Tischdecken ab, stellten die Leiter weg und suchten nach der Maus. Die ja irgendwo sein musste.

Aber wir konnten sie in der ganzen Wohnung nicht finden.

Gegen Abend, nachdem wir Kaffee getrunken, Plätzchen genascht, mehrmals die Maus gesucht, ein Tannengesteck gezaubert und schön erzählt hatten, bat sie mich, die abgestürzten Wäschestapel wieder nach oben in den Schrank zu legen, bevor ich ginge.

Uns fiel ein, dass es dort schmutzig sein könnte, also stieg ich mit Handfeger, Schaufel und Lappen die Leiter hoch, blickte ins obere Fach – und konnte mich gerade noch an der Tür festhalten, als die Maus über meinen Kopf hinweg in den Flur sprang.

Diesmal sah meine Nachbarin, wo sie verschwand: unten im Schrank. Um gleich wieder hinten hochzuklettern. Zu Recht. Denn sie wohnte dort oben, wie ich jetzt feststellen konnte, nicht allein. In einem kuschligen Nest aus zerpflückten Tischdecken, Stroh, Lametta und Engelhaar blinzelten drei winzige graue Wesen ins Licht. Die Maus musste ihr Nest mitten im Strohkranz gebaut haben, die Form war gut zu erkennen.

So sehr sie sich Stunden vorher erschrocken hatte, nun war meine Nachbarin partout dagegen, die vierköpfige Familie im Winter auf die Straße zu setzen. Das könne man im Frühjahr immer noch machen, meinte sie. Außerdem wäre sie dann Weihnachten nicht so allein. Und im Keller hätte sie noch ein altes Terrarium.

Es dauerte, aber schließlich hatten wir Kinder samt Mutter und sogar den größten Teil des glitzernden Nestes darin untergebracht, bugsierten das Terrarium in die Küche und ich hatte den starken Eindruck, dass Nachbarin und Mäuse gleichermaßen zufrieden mit dem Ergebnis waren.

Der Lebkuchenmann

Hanna, eine Frau Mitte vierzig, die gern lachte und Späße trieb, beschloss, da sie keinen echten fand, sich einen Mann zu backen. Das meinte sie aber nun nicht als Spaß, sondern ganz ernst. Denn Einsamkeit ist überhaupt nicht lustig.

Da sie selbst eine Frau war, die von allem reichlich hatte (Busen, Bauch, Po, Herz), war klar, dass auch der Mann an ihrer Seite kein Hänfling sein durfte. Er sollte auf jeden Fall 1,80 Meter groß sein und einhundert Kilo wiegen. Mindestens. Damit sie sich in seinen Armen auch richtig geborgen fühlen konnte.

Am Nikolaustag wollte sie mit dem Backen des Mannes beginnen. Als sie aber in ihrer Küche stand, wurde ihr schnell klar, dass, abgesehen von der benötigten Teigmenge, das Backen eines solchen Kerles in einem handelsüblichen Haushaltsbackofen nicht ohne Weiteres zu machen war. Und sie wollte ja keinen zusammengesetzten und zusammengeklebten Mann, sondern einen aus einem Stück.

Hanna überlegte. Sie brauchte definitiv einen größeren

Backofen. Bäcker, fiel ihr ein, haben größere Öfen. Und vermutlich auch größere Teigschüsseln. Also schaute sie ins Branchenbuch und suchte die Telefonnummern sämtlicher Bäckereien der Stadt heraus. Es waren fünfzehn.

Dann begann sie, nacheinander in jeder anzurufen.

Sie erkundigte sich, wie groß denn deren Backofen sei und ob es möglich wäre, gegen eine Gebühr, versteht sich, den Bäckereibackofen ausnahmsweise einmal als Privatperson zu nutzen, um sich einen Mann zu backen.

Manchmal hatte sie eine Verkäuferin am Apparat, manchmal einen Azubi, manchmal die Bäckerin, manchmal den Bäcker, aber im Grunde reagierten alle gleich. Sie legten auf. Manche lachten noch, manche schimpften, andere sagten, veräppeln könnten sie sich alleine.

Nun hatte Hanna schon vierzehn Bäckereien angerufen und war von Telefonat zu Telefonat immer trauriger geworden. Da ihr Anliegen den Leuten so eigenartig vorkam, schämte sie sich fast ein bisschen dafür. Aber sie ärgerte sich auch. Warum nahmen die sie nicht ernst? Schließlich hatte sie nur eine Frage gestellt! Warum waren die alle so stur und konnten nur in ihren eingefahrenen Gleisen denken?

Das machte sie wütend. Sie hatte keine Lust auf noch eine Abfuhr. Aber Hanna war nun mal eine von der Sorte, die etwas zu Ende bringt, wenn sie es sich einmal vorgenommen hat. Also griff sie mutig zum Hörer und wählte die fünfzehnte und letzte Nummer, die der Bäckerei Fritze.

Am Telefon war eine nette, junge Frau.

„Ja, ja", sagte sie, „kommen Sie ruhig vorbei, dann besprechen wir alles."

Hanna war ganz verwirrt, weil sie plötzlich so freundlich behandelt wurde, fragte noch einmal nach, ob der Ofen auch tatsächlich groß genug sei, und als die Frau dies bejahte, machte sie sich fröhlich auf den Weg.

Der Bäckerladen gefiel ihr sofort, es war ein alter Laden mit Holzregalen, der herrlich nach frischem Brot und Weihnachtsgebäck duftete.

Die junge Frau, mit der sie telefoniert hatte, stellte sich als Julia Fritze, Tochter des Inhabers, vor, bot Hanna eine Tasse Kaffee und ein Stück Stollen an, und sie kamen ins Gespräch.

Hanna erfuhr, dass Familie Fritze Laden und Bäckerei schon seit vier Generationen betrieb, dass eigentlich auch alles recht gut gehe, die Kunden sehr nett und treu wären, das einzige Problem sei nur, dass sie selbst Literatur studiere, sie wolle nämlich Schriftstellerin werden und den Laden nicht übernehmen. Ihr Vater sei ein netter Kerl, aber das betrübe ihn, denn er hänge sehr an seinem Beruf, umso mehr, als ihm vor drei Jahren die Frau gestorben sei. Sie redeten und redeten, Julia war witzig, erzählte vom Studium und von Büchern, die sie schreiben wollte, fragte Hanna über ihr Leben aus und diese fühlte sich so wohl, dass sie ihr Anliegen vorerst aus den Augen verlor.

Nach dem Stollen probierte sie noch die kleinen runden Vanillebuchteln, ein Stück Quarkstrudel und eine noch ofenwarme Mohnschnecke. Als sie sich den dritten Kaffee einschenken ließ, ging die Tür der Backstube auf, der Meister persönlich, zirka 1,90 Meter groß und 125 kg schwer, kam mehlbestäubt herein, sah Hanna, strahlte sie an, sie strahlte zurück, und um beide war es auf der Stelle geschehen.

Meister Fritze hatte sich als Erster wieder gefangen. Er begrüßte sie, erkundigte sich nach ihrem Wunsch und Hanna hatte vor lauter Aufregung Mühe, eine verständliche Antwort zu geben.

Dann zeigte er ihr seine schöne Backstube und rasch stellte sich heraus, dass nicht nur Ofen und Teigschüssel groß genug waren, sondern auch des Bäckers Herz. Und so kamen sie überein, dass sie nun gar keinen Mann mehr für Hanna backen mussten, weil einer aus Fleisch und Blut ja wohl tausendmal besser ist.

Lebkuchenmänner haben sie dann aber trotzdem noch

viele gebacken im Laufe ihres Lebens. Kleine, handgroße Kerle. Mit einer langen, weißen Schaumpfeife im Mund, mit Marzipanhaaren, Mandelaugen, einer Butterkruste und einem roten Zuckerherz in der Mitte.

Denn Hanna wurde Fritzens Frau und Fritze wurde Hannas Mann. Und immer an Nikolaus, genau an dem Tag, an dem sie sich zum ersten Mal geküsst hatten, gab es bei ihnen im Laden Unmengen kleiner Lebkuchenmänner zu kaufen, die so köstlich waren, dass die ganze Stadt zusammenlief, um sie zu probieren.

Überraschungen

Sie öffnet ihre Wohnungstür und stutzt. Auf dem Abtreter steht eine kleine Tüte aus Zellophan, oben mit einer roten Schleife zusammengebunden.

Hastig stellt sie ihre Einkaufstasche auf die Schwelle, bückt sich und hebt das Geschenk auf. Die Tüte knistert in ihren Händen. An der Schleife hängt ein gefaltetes Kärtchen, auf dessen Vorderseite ein roter Stiefel abgebildet ist.

Sie klappt das Kärtchen auseinander. „Vom Nikolaus" steht dort. Das ist alles. Die Handschrift kennt sie nicht. Etwas ungelenk, sieht nach Kinderschrift aus.

Ob Miriam das war?, denkt sie. Aber warum hat sie dann nicht geklingelt? Ich war doch die ganze Zeit da. Sie wollte mir wohl nicht begegnen ... Ihr Herz klopft. Es kann nur von Miriam sein. Aber würde das nicht bedeuten, dass ihre Tochter sich wieder mit ihr versöhnen will?

Sie sieht die Tüte an. Plätzchen sind darin. Kleine Sterne und Herzen.

Die Augen werden ihr heiß. Ihr ist ein bisschen schwindelig. Sie geht in die Küche, stellt die Tüte behutsam auf den Tisch, läuft erneut zur Schwelle, holt ihre Tasche, schließt die Wohnungstür und trägt die Tasche in die Küche. Dann setzt sie sich an den Tisch und nimmt die Tüte in beide Hände.

Ganz ruhig, sagt sie, reg dich nicht auf.

Die Plätzchen sehen selbstgebacken aus.

Sie bindet ihren Schal ab und legt ihn sich auf den Schoß.

So ein alberner Streit im Grunde, denkt sie. Wegen so einer Kleinigkeit. Warum habe ich mich eigentlich derart hineingesteigert? Warum war ich so stolz, warum hab ich darauf bestanden, dass sie sich zuerst meldet? Nicht nur das, sondern dass sie sich auch noch entschuldigt! Ich bin doch schließlich älter, da sollte ich so etwas besser wegstecken können. Fünf Monate. Kein Wort. Keine Nachricht. Sie ist doch mein Kind. Was hab ich gelitten. Und nun so eine Geste.

Sie schämt sich. Auf solch eine Idee hätte sie selbst ja auch kommen können, einfach ein kleiner Gruß, eine Karte, eine Blume an die Tür... Da hätte sie sich doch nichts vergeben! Aber nein, sie war stur gewesen, hatte sich zurückgezogen in ihrer Gekränktheit und den Graben nur noch tiefer gemacht.

Ihre Tochter! Ihre Miriam. So großherzig.

Sie schluckt. So ein feiner Mensch. Da kann man ja richtig stolz sein als Mutter. Auf jeden Fall sollte man jetzt nicht länger... Sie lächelt. Ihr ist warm geworden in der geheizten Küche. Sie knöpft den Mantel auf, holt tief Luft, greift zum Telefon und wählt entschlossen Miriams Nummer.

„Hallo, ich bin's ..." Doch plötzlich fehlen ihr die Worte. Sie kann nicht mehr klar denken, verhaspelt sich, stottert herum, schluckt wieder und ist erleichtert, als Miriam sie erlöst und zu reden beginnt.

„Mama, welch eine Überraschung! Das ist aber schön!"

„Wie geht es dir, Miriam? Bist du gesund?"

Sie hört ihrer Tochter zu, lauscht dieser Stimme, nach der sie sich so gesehnt hat. „Was machen die Katzen? Wie geht's in der WG? Und dein Studium?" Sie lauscht und lauscht. Legt die Beine auf den Stuhl gegenüber, stopft sich ein Kissen in den Rücken, lächelt, lehnt sich zurück, wischt sich die Augen.

Zentnerlasten fallen ihr von den Schultern.

Sie reden lange. Und ganz zum Schluss, nachdem sie sich für den kommenden Sonntag zum Kaffee verabredet haben, wird ihr klar, dass sie sich noch gar nicht für die Überraschung bedankt hat.

„Du, die Tüte! Danke! Ich hab mich wirklich gefreut!"

„Welche Tüte?", fragt Miriam verwundert.

„Komm, jetzt tu nicht so. Die vom Nikolaus. Die mit den Plätzchen. Die du mir vor die Tür gestellt hast."

„Entschuldige Mama, aber ich hab dir nichts vor die Tür gestellt. Na, vielleicht hast du einen heimlichen Verehrer?" Miriam lacht. „Jedenfalls wünsch ich dir noch einen schönen Nikolaustag. Bis Sonntag dann, ja? Ich freu mich!"

„Ja, hm. Bis Sonntag."

Eine Weile sitzt sie sehr still da.

Dann nimmt sie langsam die Füße vom Stuhl und setzt sich auf. Sie betrachtet die Tüte mit den Plätzchen, nimmt sie noch einmal in die Hand, klappt noch einmal die Karte auf. Natürlich ist das nicht Miriams Schrift. Behutsam stellt sie die Tüte wieder auf den Tisch.

Sie steht auf und knöpft ihren Mantel zu. Dann legt sie sich den Schal um den Hals, nimmt die Einkaufstasche und verlässt die Wohnung.

Und während sie die Treppe hinuntersteigt, sieht sie, dass vor jeder der acht Wohnungstüren solch ein Tütchen steht.

Die fünfte Kerze

Es war der Mittwoch zwischen dem dritten und vierten Advent. Ich bereitete gerade das Abendbrot vor, Brot, Butter und Käse lagen schon neben dem Adventskranz auf dem Tisch. Es fehlte nur noch der Tee. Da fiel mir ein, dass ich ganz vergessen hatte, das Geschenk für meine Kollegin zu besorgen. Am nächsten Morgen sollte ich es mit zur Arbeit bringen.

„Kinder“, sagte ich, „ihr seid doch groß, oder?“

„Klar!“ schrien Tim und Jonas wie aus einem Munde.

„Und ihr macht keinen Blödsinn, wenn ich euch mal kurz allein lasse?“

„Nein!“, schrien sie etwas zu schnell.

Tim war fünf, Jonas elf.

„Ich muss nur schnell was einkaufen, bin gleich wieder da!“, versprach ich.

Das war etwas vorschnell gesagt. In der klirrenden Kälte hatte es zu regnen begonnen, der Frost tat das Übrige. Die Bürgersteige waren eisglatt. Zu allem Übel musste ich drei Läden aufsuchen, bis ich das Geschenk endlich hatte. Hastig machte ich mich auf den Heimweg.

Schon als ich die Wohnung betrat, beschlich mich ein eigenartiges Gefühl. Es war so ungewöhnlich still. Ich rief meine Kinder. Keine Reaktion. Ich suchte in allen Zimmern. Nichts. Jetzt sah ich auch, dass ihre Jacken nicht an der Garderobe hingen. Ich ging auf den Hof und rief dort. Angst kroch in mir hoch. Bleib ruhig, sagte ich mir, das ist wieder einer ihrer Späße, sie stecken in einem Kleiderschrank und feixen sich eins.

Aber in den Kleiderschränken war nur das übliche Chaos.

Ich rannte auf die Straße, vergaß das Eis, rutschte und schlug mir den Arm auf. Keine Kinder. Zurück im Treppenhaus klingelte ich bei allen Nachbarn.

Niemand hatte sie gesehen.

Da beschloss ich, die Polizei zu rufen, betrat meine Wohnung – und prallte mit meinen Kindern zusammen.

Sie sahen merkwürdig aus. Ihre Augen leuchteten, ihre Wangen glühten, außerdem waren sie von oben bis unten nass, schmutzig und voller Spinnweben.

„Wo wart *ihr* denn!“, fuhr ich sie an.

„Wenn du versprichst, dass du nicht schimpfst, sagen wir es“, erklärte Tim.

Was blieb mir anderes übrig?

„Wir waren auf dem Dach!“, riefen sie und strahlten.

„Ja, seid ihr denn …!“

„Du darfst nicht schimpfen! Du hast es versprochen!“

Und dann erzählten sie, wie sie doch solche Abenteuerlust gehabt hätten, dass es einfach gar nicht anders gegangen wäre. Und wie sie dann auf dem Wäscheboden gewesen wären, um zu sehen, ob es da vielleicht ein Abenteuer gäbe. Und da hätten sie die Luke an der Decke gesehen. Und hätten unbedingt wissen wollen, wo die hinführt. Daraufhin hätten sie unsere große Leiter aus der Kammer auf den Boden geschleppt und wären zur Luke geklettert. Und da hätten sie gesehen, dass die zum Dach führt und hätten solche Lust gekriegt auszuprobieren, wie es eigentlich so auf dem Dach sei, abends, im Dunkeln. Und das Dach sei so riesengroß gewesen! Und so flach, ganz ohne Zaun! Und glatt! So glatt, dass ich mir das gar nicht vorstellen könnte!

Ich wollte es mir auch lieber gar nicht vorstellen. Vor Entsetzen begann ich zu zittern und die Tränen liefen mir herunter.

„Aber Mama“, sagte Tim. „Das ist doch nicht traurig! Das war total schön! Wir konnten die Häuser sehen, die vielen Lichter in den Fenstern und sogar unseren Bürgersteig, wenn wir uns ein bisschen vorgebeugt haben! Die Menschen und die Laternen, und alles war ganz klein! Und es war sogar richtig ein bisschen gruselig. Es war das schönste, gruseligste Abenteuer, das ich je hatte!"

Ich konnte gar nicht mehr aufhören zu heulen.

Jonas, der wohl eher verstand, warum ich so erschrocken war, fügte hinzu: „Und schließlich ist uns ja nichts passiert!"

„Ja", stöhnte ich, „ihr hattet wirklich einen mächtigen Schutzengel." Dann nahm ich alle beide erst mal richtig fest in den Arm. Sie waren da. Heil und lebendig, hier in der Küche!

Ich war so aufgewühlt und so unglaublich dankbar, dass ich unbedingt etwas tun musste. Auf dem Küchentisch standen das Abendbrot und der Adventskranz. Ich nahm die Streichhölzer und zündete drei der roten Kerzen an. Aber dann fand ich, dass sie als Zeichen meiner Dankbarkeit nicht ausreichten. In einer Schublade fand ich noch eine weiße Haushaltskerze, steckte sie zwischen das dritte und vierte Licht und zündete sie auch noch an.

„Ist die für den Schutzengel?", fragte Tim.

Ich nickte. Und dann kochte ich eine große Kanne Zimttee, Jonas hielt ein Tannengrün in die Flamme, Tim verteilte den Duft mit beiden Händen, und wir setzten uns an den Tisch.

Ich konnte vor lauter Aufregung kaum was essen, aber meine Kinder hauten mächtig rein, wie sich das nach einem richtigen Abenteuer gehört.

Und weil man, wenn man Kinder hat, den Schutzengeln gar nicht genug danken kann, hat unser Adventskranz seit diesem Jahr fünf Kerzen. Vier rote und eine weiße.

Die Konferenz der Engel

„Nun denn", sagte Rafik, dem in diesem Jahr die Aufgabe zugefallen war, die Konferenz zu leiten. „Lasst uns hören, wie es auf der Erde um die Ankunft der Botschaft bestellt ist."

Wie üblich waren sieben Engel ausgesandt worden.

„Wind und Wasser haben die Botschaft verstanden", ergriff der Erste das Wort. „Das steht völlig außer Zweifel. Ganz still werden sie in der Heiligen Nacht, wenn die Stunde gekommen ist. Halten den Atem an. Der Wind legt sich nieder und schweigt. In allen Wassern sah ich die Sterne sich spiegeln, vom Ozean bis zur kleinsten Pfütze. Es war wunderschön. Der ganze Himmel bildete sich ab."

Rafik nickte zufrieden. „Ja, sie sind alt, sie hatten viel Zeit. Verständig und weise, so kennen wir sie. Schön, dass es so geblieben ist."

„Auch über die Steine", begann der Zweite, „kann ich nur Gutes berichten. Ihre konzentrische Ruhe ist wirklich beeindruckend. Sie fürchten nichts. Und sie haben einen sehr ausgleichenden Einfluss auf ihre Umgebung. In der Heiligen Nacht strahlten sie geradezu."

„Schön“, sagte Rafik und schloss kurz die Augen, als würde er sich an etwas erinnern. „Die Steine ... wer von uns hat sie nicht damals am Rande des Meeres gesammelt.“

„Aber die Pflanzen“, schwärmte der Dritte, „übertreffen alles. Sie sind so zauberhaft! Ich konnte mich kaum von ihnen losreißen. Sie beherrschen die seltene Kunst, Schönheit und Vollkommenheit anmutig und lautlos auszudrücken. Ich kann mir nichts denken, was geeigneter wäre, den anderen Lebewesen die frohe Botschaft zu überbringen. Wie sie der Erde vertrauen! Wie sie sich an sie schmiegen, wenn die Kälte nach ihnen greift! Ich sah die Christrose ... Freunde, das müsstet ihr erlebt haben. Mitten im Frost! Umgeben von Schnee. Wie sie blühte! Und dieser Duft! Wie ein Hauch ...“

Die anderen lächelten. Ja, an die Pflanzen konnten sie sich alle gut erinnern. Es entstand eine kleine Unruhe, jeder wollte erzählen, welche Blume er am liebsten hatte.

„Ihr habt recht“, sagte Rafik. „Ich glaube wirklich, dass wir uns nicht um die Erde sorgen müssen, solange es Blumen gibt. Die Menschen lieben sie ...“

„Wir sind noch nicht bei den Menschen!“, protestierte der Vierte. Er war verärgert, weil er bis vor kurzem der Jüngste gewesen war. Was bedeutet hätte, dass ihm die Aufgabe zugefallen wäre, über die Menschen zu sprechen. Aber dann war kurz vor der Aussendung ein jüngerer Engel erschienen, so dass er selbst zu den Wassertieren geschickt worden war.

„Gut“, sagte Rafik. „Berichte uns erst von den Tieren des Wassers.“

„Sie sind bedroht!“, knurrte er. „Von den Menschen, die ihr Gift …“

„Bitte“, unterbrach ihn Rafik. „Du sollst von den Tieren berichten. Wie verhalten sie sich? Wie leben sie in Flüssen und Ozeanen? Du warst bei ihnen?“

„Natürlich war ich bei ihnen. In den Tiefen war ich. Bis dort, wo kein Licht mehr hinreicht.“ Sein Groll schien zu verfliegen, je mehr er seinen Erlebnissen nachsann. „Ich kann euch sagen … Diese Tiefseewesen … sie sind einmalig. Als wenn sie die frohe Botschaft bis in die Hölle tragen wollten. Wisst ihr, dass manchen von ihnen kleine Sterne auf dem Kopf wachsen? Andere sehen aus wie Kristalle. Oder wie Blumen. Eigentlich schöner als Blumen …“, fügte er mit einem Seitenblick auf seinen Vorredner hinzu. „Sie schillern in allen Farben. Aber die Menschen …“

Rafik räusperte sich.

„Gut. Also insgesamt“, fuhr der Vierte fort, „bin ich überzeugt, dass sie die Botschaft verstanden haben. Sie sind gelassen. Sie vertrauen ihrem Element. Und sie sind schön. Und so vielfältig! Manche nur ein paar Millimeter groß ... aber der Wal zum Beispiel ... ihr erinnert euch an den Wal?“ Die anderen stimmten ihm zu. „So riesig. Und dabei so anmutig und friedlich!“

„Aber die Tiere der Luft“, fiel ihm der Fünfte begeistert ins Wort, „an ihre Anmut reicht bei Weitem nichts heran. Ich segelte mit ihnen durch die Weite. Es war ein solcher Genuss! Sie fürchten sich überhaupt nicht! Sie vertrauen vollkommen. Wenn jemand die Botschaft wirklich verstanden hat, dann sie! Man könnte denken, sie sind mit uns verwandt.“

„Schön“, sagte Rafik, „Alles ist also noch so, wie wir es kennen. Kommen wir jetzt zu den Tieren der Erde.“

„Die Erdtiere“, hob der Sechste zu sprechen an, „sind ein Muster an Freundlichkeit und Gelassenheit. Nicht umsonst hat unser Herr sie in Bethlehem um seinen Sohn geschart. Ich bin sicher, dass sie die Botschaft im Herzen tragen, obwohl viele von ihnen unter den Menschen ...“

„Still!“, rief der Vierte. „Wenn ich nicht von den Menschen reden durfte, darf er es auch nicht!“

„Ich wollte sagen“, setzte der Vorige seine Rede fort, „sie tun alles, um den Menschen zu helfen. Sie wärmen sie, sie begleiten sie, sie spenden ihnen Nahrung und sind bei all dem völlig selbstlos. Ich glaube, sie sind sich ihres Privilegs aus der Heiligen Nacht bewusst. Und das gilt nicht nur für Ochs und Esel.“

„Ja", sagte Rafik. „Gut. Ich danke euch. Und nun wollen wir hören, was der Jüngste über die Menschen zu sagen hat."

Unsicher erhob sich der Angesprochene. Es war das erste Mal, dass er auf solch einer Konferenz das Wort zu ergreifen hatte, und man sah ihm seine Aufregung an. Immer wieder nestelte er an seinem Gewand herum, hüstelte umständlich und wusste nicht recht, wohin er sehen sollte.

„Nun?", fragte Rafik.

„Ich glaube", sagte der Jüngste leise, „Ich habe etwas falsch gemacht."

„Keine Sorge", ermunterte ihn Rafik. „Erzähle uns einfach, was du herausgefunden hast."

„Also, es ist … Ich würde ja auch gern so schöne Dinge berichten wie die anderen. Nur leider … Bei den Menschen war es … es war … gerade, als *wollten* sie die Botschaft auf keinen Fall hören."

„Wie meinst du das?"

„Nun, was mir zuerst auffiel, sie haben die Heilige Zeit ganz voll gestopft. So dass überhaupt kein Platz mehr blieb. Mit ganz vielen Pflichten, wisst ihr. Schon wochenlang vorher rannten sie hektisch herum und kauften Dinge. Weil sie nämlich ein Gesetz haben, jedem, den sie kennen, etwas zu schenken. Je näher das Fest rückt, umso schlimmer wird das. Sie sind schrecklich belastet davon. Haben keine Zeit mehr für sich. Und dann stellen sie genaue Pläne auf, damit Weihnachten auch ja so abläuft, dass jede Minute ausgefüllt ist. Als dürfte auf keinen Fall eine Pause entstehen. Oft habe ich gesehen, dass sie sich schließlich, wenn es so weit war, gegenseitig anschrien, weil sie völlig am Ende waren ..." Ihm entfuhr ein Seufzer.

„Aber es ist sicher nicht bei allen so, oder?", fragte der Erste, der von Wind und Wasser berichtet hatte.

„Nun, es gibt schon ein paar, bei denen es anders ist", gab der Jüngste zu. „Meist solche, die nichts mehr haben. Aber ..."

„Und die Kinder? Bei den Kindern ist es doch besser, oder?" fragte der Zweite.

„Das hatte ich auch gehofft", sagte der Jüngste betrübt. „Weil doch die Kinder ..., ihr wisst schon. Aber ich hatte den Eindruck, dass die Erwachsenen genau das am meisten fürchten. Sie schütten die Kinder regelrecht zu mit ihren Geschenken. Das könnt ihr euch nicht vorstellen. Als hätten sie Angst, dass auch nur ein winzig kleiner Funke der Botschaft zu ihnen durchdringen könnte. Ja, regelrecht Angst." Er machte ein trauriges Gesicht.

„Also immer noch ...", murmelte Rafik.

„Ich verstehe das nicht", sagte der Dritte. „Haben wir ihnen damals nicht laut und deutlich gesagt, dass sie sich nicht mehr fürchten sollen? Und es schien doch, als hätten sie es verstanden? Wo kommt denn jetzt nur wieder diese ganze Angst her?"

Der Vierte schüttelte den Kopf. „Diese Menschen kannst du vergessen. Sie sind zu unvollkommen. Das hab ich immer gesagt! Die kostbare Botschaft war viel zu schade für sie."

„Sei nicht so streng", meinte der Fünfte. „Es sind eben Menschen. Gerade weil sie unvollkommen sind, brauchen sie die Botschaft doch. Es dauert bei ihnen eben nur ein bisschen länger."

„Aber zweitausend Jahre!", protestierte der Sechste.

„Vielleicht hätte ich genauer suchen müssen ...", meinte der Jüngste.

„Nein, nein, das hat nichts mit dir zu tun", tröstete ihn Rafik. „Wir kennen das Problem schon länger, weißt du. Deswegen soll ja immer der Jüngste zu ihnen, weil der am wenigsten voreingenommen ist."

„Es hat keinen Sinn!", schimpfte der Vierte. „Guckt euch diese Menschen doch an! Das wird doch immer schlimmer!"

„Also", sagte Rafik lächelnd, „wenn man dich so reden hört, könnte man denken, es gäbe gar keine frohe Botschaft. Nein, ich bin mir sicher, dass auch die Menschen eines Tages ihre Angst ablegen werden. Es kann gar nicht mehr lange dauern. Wir müssen eben einfach noch etwas Geduld mit ihnen haben. Sie brauchen noch ein bisschen. Zweitausend Jahre, das ist nicht so viel."

„Du hast Recht", murmelten die anderen. „Zweitausend Jahre, das ist schließlich so gut wie nichts."

Engel ziehen

Wer wünscht sich das nicht: Einen Begleiter, der jeden Tag da ist und auf einen aufpasst? Das gibt es nicht, sagen Sie? Nicht, wenn man erwachsen ist?

Doch. Das gibt es.

Vor zwanzig Jahren, nach einem Seminar, holte eine Teilnehmerin beim letzten Treffen eine Papierschachtel aus ihrer Tasche und meinte, es wäre so schön gewesen, sie möchte sich bedanken. Sie hätte da etwas für jeden von uns. Das könnten wir, wenn wir wollten, in unser Herz legen, dort gehöre es nämlich hin und dort wäre es dann für immer.

Das klang ziemlich geheimnisvoll, entsprechend neugierig wurden wir.

Darauf ging sie mit ihrem Schächtelchen von einem zum anderen. Jeder durfte mit geschlossenen Augen einmal hineingreifen und sich etwas herausziehen.

Es war damals eine harte Zeit für mich, eine Zeit voller Umbrüche und Abschiede, und was ich am nötigsten hatte, war Trost. Und als ich nachsah, was ich gezogen hatte, war es ein kleiner Engel aus Papier, auf dem stand: TROST. Dass ich genau dieses Wort aus der Schachtel genommen hatte, rührte mich zu Tränen. Auch die anderen hatten kleine Engel gezogen, doch auf jedem stand ein anderes Wort.

Dankbar steckte ich das Geschenk ein, in der Gewissheit, es lange bei mir tragen zu wollen.

Ich fand die Idee so schön, dass ich sie gleich für das nächste Silvestertreffen mit Freunden aufgriff. Bedanken kann man sich schließlich immer, dachte ich, und einen Engel kann jeder brauchen.

Also setzte ich mich zu Hause hin und begann, welche aus farbigem Papier auszuschneiden. Dabei dachte ich mir passende Beschriftungen für sie aus, gute, starke Worte, die ich meinen Freunden geben wollte: Schutz, Heilung, Erholung, Zärtlichkeit, Mut, Liebe ... Es kamen viele zusammen. Das machte Spaß. Jeder Engel sah anders aus, und jedes Wort sollte nur einmal vorkommen. Als sie fertig vor mir lagen, freute ich mich an ihrer Vielfalt, füllte sie in eine Kiste und nahm diese zum Silvestertreffen mit.

Im Jahr darauf wurde ich gefragt, ob es zu Silvester wieder Engel für das neue Jahr gäbe.

Und im nächsten Jahr wieder. Und immer so weiter.

So kommt es, dass ich nun seit zwanzig Jahren in der Adventszeit Engel ausschneide, verziere und beschrifte. Ich schneide sie aus Papierresten, farbiger Pappe, Müsliverpackungen, Silberfolie, vorjährigen Weihnachtskarten ... Das tut mir gut. Ich komme dabei zur Ruhe, denke an Erlebnisse aus dem zurückliegenden Jahr, an meine Freunde und werde dankbar und still.

Die Schachtel mit den kleinen Begleitern trage ich dann den ganzen Dezember über mit mir herum und jeder, der möchte, darf einmal blind hineingreifen und sich einen ziehen.

Es ist nur eine Geste. Nur ein Stück Papier mit einem Wort. Aber ein Wort hat Macht und ein Engel ist stark, und beide gemeinsam sind ein guter Schutz für harte Tage.

Übrigens: Mein erster Begleiter von damals namens TROST ist inzwischen den Weg alles Irdischen gegangen und hat sich in seine Bestandteile aufgelöst. Aber das macht nichts. Denn er ist ja längst dort, wo er hingehört.

Frieden unterwegs

Weihnachten naht. Und ich mache mich auf, einen Fluss zu suchen. Einen Fluss, der eine Strömung hat und ins Meer führt.

Wo die Idee ursprünglich herkam, habe ich nie herausgefunden. Für mich als Kind waren die Friedensboote ein ebenso selbstverständlicher Brauch wie der Tannenbaum und die Krippe.

Gebastelt haben wir tagelang an unseren Booten, meine Schwestern und ich. Doch oft bekamen sie ihren letzten Schliff erst am Vormittag des Heiligen Abends. Hier noch ein buntes Segel, dort noch eine Verzierung an den Seiten, oder die ultimativ raffinierteste Kerzenhalterung mit Windschutz. Jede von uns wollte das schönste Boot haben.

Wenn meine Eltern den Baum schmückten, saßen wir im Kinderzimmer und schrieben. Die Wünsche waren das Wichtigste. Sie waren die Fracht. Ohne die Wünsche wären es gar keine Friedensboote gewesen. Auf klitzekleine Zettel schrieben wir sie, rollten sie zusammen und packten sie in den Laderaum, der meist aus einer Streichholzschachtel bestand.

Damit nichts kaputt ging, verpackten wir unsere Kunstwerke in Zeitungspapier, verstauten sie in unseren Taschen und dann kamen sie mit zur Kirche. Während des Weihnachtsgottesdienstes schoben wir sie unter die Bank und nun konnten sie sich noch mit all den schönen Liedern und Texten füllen, die rings zu hören waren. Bei dem Lied „Es kommt ein Schiff geladen" ging ich übrigens lange davon aus, dass damit nur unsere Boote gemeint sein konnten.

Nach der Kirche wanderten wir zum Fluss. Dieser Spaziergang war etwas Besonderes. Alle Menschen waren verschwunden, die Stadt schien ausgestorben zu sein. Wir gingen die große Straße bis zum Ende, bis rechts und links nur noch Wiesen waren und die Straßenlampen seltener wurden. Beim Wald bogen wir auf den Sandweg ein. Hier gab es gar keine Straßenlampen mehr und meine Mutter packte die Taschenlampen aus, deren spärlicher Strahl gerade mal den Schnee im näheren Umkreis zum Glitzern brachte. Es wurde immer stiller. Und als wir den Weg verließen, um quer über die Wiese zum Fluss zu gehen, schwiegen wir. Die Stille war einfach zu groß, als dass man sie hätte stören wollen. Es war eine Stille, wie es sie niemals sonst gab. Das ganze Jahr über nicht. Man hörte nur unsere Schritte, das Knirschen des Schnees oder das Schmatzen des sumpfigen Erdreichs.

In der einen Hand die Tasche mit dem Boot, in der anderen die Lampe, so gingen wir. In meiner Erinnerung ist der

Weg über die Wiese endlos. Unsere Lampen reichten kaum den nächsten Schritt weit. In der Dunkelheit waren keine Konturen mehr zu erkennen, weder die Stadt noch der Saum des Waldes noch der Horizont. Wir gingen geradewegs durch den endlosen schwarzen Himmel.

Noch ehe der Schein unserer Lampen sich im Wasser spiegelte, hörten wir den Fluss. Wie er raunte, gluckste und gurgelte! Als würde man von fern schon leise und freudig gerufen.

Am Ufer angekommen, standen wir noch ein Weilchen einfach so da in der leeren Welt. Hinter uns der Wald und vor uns das Wasser. Über uns breitete sich der ganze Himmel mit seinen vielen Sternen.

Dann holte meine Mutter die Streichhölzer heraus, wir packten unsere Boote aus und zündeten die Kerzen an. Wenn wir dann dastanden, jeder sein Boot mit der brennenden Kerze in der Hand, hielt meine Mutter eine kleine Rede, die immer sehr ähnlich war. Ich mochte sie trotzdem gern hören, obwohl ich sie nicht ganz verstand.

Sie sagte, Weihnachten sei ein Fest des Friedens, und wie dankbar wir sein könnten, dass bei uns Frieden ist. Aber Weihnachten sei auch ein Versprechen, das jeder von uns einzulösen hätte. Und wenn wir nun gleich unsere Boote aufs Wasser setzten, dann sollten wir an all die Menschen denken, in deren Ländern immer noch Krieg geführt werde. Wenn Frieden sein sollte, sagte sie, müssten wir heute damit anfangen.

Und dann kam das Schönste. Nacheinander setzten wir unsere Boote aufs Wasser und sahen ihren Lichtern solange nach, bis uns die Augen tränten vor Anstrengung. Ich wusste, mein Boot würde weit, weit schwimmen. Bis zum Meer. Und dann hinaus in die Welt. Und irgendwo an einem Strand würde es ankommen. Und irgendjemand würde es finden und sich freuen, dass ich an ihn gedacht hatte.

Später hat sich in meinem Leben vieles verändert. Ich beging Weihnachten auf unterschiedlichste Weise. Eines aber habe ich beibehalten: Am Heiligen Abend ein Boot mit Friedenswünschen zu Wasser zu lassen und in die Welt zu schicken.

Und nun ist es wieder soweit. Weihnachten naht. Und ich mache mich auf, einen Fluss zu suchen. Einen Fluss, der ins Meer führt.

Scherben bringen Glück

„Puh, Weihnachten!“, sagte Wilma Krauthusen. „Eine Woche noch, dann ist es wieder überstanden.“

Sie sagte es zu sich selbst, denn sonst war keiner da, zu dem sie es hätte sagen können. Wilma war 87. Sie stand am Fenster ihrer Wohnung und sah auf die Straße hinunter. Sie sah die Leute Geschenke kaufen, am Glühweinhaus miteinander plaudern und am Stand mit den Weihnachtsbäumen vorbeischlendern.

Ja, sie war neidisch. Die da waren jung, hatten Familie und Freunde, vermutlich waren die auch gesund, und bestimmt würde niemand von denen allein Weihnachten feiern.

Wilma bekam schlechte Laune. Sie konnte sich nicht leiden, wenn sie jammerte. Sie wollte aufhören damit, aber angesichts der nahenden Festtage war das leichter gesagt als getan.

Früher hatte sie nicht gejammert. Früher hatte sie bei der Post gearbeitet, am Paketschalter. Da war viel gelacht worden und es war schön gewesen, den Menschen ihre Weihnachtspäckchen zu geben und das Leuchten in den Augen zu sehen. Aber das war lange her. Inzwischen deponierte der blutjunge Postbote bei ihr die Pakete und Päckchen für die Nachbarn, die nicht zu Hause waren. Die konnte sie dann weiterreichen. Das war auch schön. Aber es waren immer Päckchen für andere. Sie hätte auch gern mal eins bekommen. Doch wer, bitteschön, sollte ihr eins schicken? Ja, sie hatte Freunde gehabt. Aber die waren alle schon gestorben. Die schickten keine Päckchen mehr.

Natürlich hätte sie zu einer dieser Advents-Seniorenfeiern gehen können. So etwas wurde ja angeboten. Sie hatte das auch einmal ausprobiert, vor zwei Jahren. Es war schrecklich gewesen. Lauter alte Menschen, die in einem fort jammerten. Und dann diese jungen Frauen, die sich von Berufs wegen verpflichtet fühlten, Fröhlichkeit zu verbreiten. Wilma schüttelte sich bei der Erinnerung daran. Keiner hatte gesungen. Und dann hatte es lauter Tinnef gegeben, nichtssagende Dinge, einen kitschigen Tischläufer, ein Gips-Räucherhäuschen, Glitzerglücksengel und einen Schokoweihnachtsmann. Geschenke, mit denen sie nichts anfangen konnte.

Nein, ein richtiges Päckchen müsste etwas mit ihr zu tun haben. Darin müsste etwas sein, über das sie sich freuen würde. Dominosteine zum Beispiel. Die aß sie für ihr Leben gern. Oder ein Stück Stollen. Schön wäre auch eine Kerze oder so ein Papierbild mit farbigen Fenstern, das man davorstellen konnte, wo das Licht hindurchschien … Plötzlich lächelte sie.

Natürlich! Dass sie darauf nicht eher gekommen war! Rasch nahm sie einen Zettel und schrieb eine Einkaufsliste. Gerade neulich hatte doch diese nette junge Nachbarin gesagt, falls sie mal Hilfe brauche, solle sie sich nicht scheuen ...

Eine Woche später stand Wilma wieder am Fenster und sah hinaus. Es war der 24. Dezember.

Schade, dachte sie, es hat doch nicht geklappt. Vielleicht ist es verlorengegangen. Oder es dauert heute eben alles länger. Natürlich, um diese Zeit war ja auch immer so viel los bei der Post. Oder sie hatte sich eben doch in der jungen Dame getäuscht.

Jedes Mal, wenn der Postbote in den letzten Tagen geklingelt hatte, hatte sie sich gefreut, und jedes Mal waren es wieder nur Päckchen für andere gewesen.

Sie ging zum Fenster und sah traurig hinaus. Schon senkte sich die Dunkelheit über die Stadt. Die Straße wurde leerer und leerer. Hinter immer mehr Fenstern konnte man die beleuchteten Weihnachtsbäume sehen.

Ach, was soll's, dachte Wilma, ging in die Küche, fand ein Glas mit Pflaumenkompott und wollte eben den Deckel aufdrehen, als es an der Tür klingelte.

Sie erschrak, das Glas fiel ihr aus der Hand und zerbrach

auf dem Küchenboden. Splitter flogen herum, und der rote Saft floss in die Ritzen zwischen den Fliesen.

„Moment!“, rief sie, stieg vorsichtig über die Scherben, ging zur Wohnungstür und öffnete.

Draußen stand der Postbote mit einem ganzen Stapel Päckchen auf dem Arm. Er überreichte ihr eins davon, sagte „Frohe Weihnachten“, und sie musste unterschreiben.

Erst nachdem sie die Tür wieder zugemacht hatte, fiel ihr auf, dass es heute anders gewesen war als sonst. Er hatte sie gar nicht gefragt, ob sie eine Sendung für die Nachbarn annehmen würde.

Sie stand im Flur, das Päckchen in der Hand, sah es vorsichtig an, und ihr Herz machte einen Hüpfer.

Links neben der Anschrift war ein kleiner grüner Tannenzweig aufgemalt. Die Anschrift war ihre. Klar und deutlich stand da ihr Name.

Beschwingt ging sie in die Stube, stellte das Päckchen auf den Tisch, legte Schere und Brille daneben, überlegte kurz, ob sie nicht erst mal die Scherben vom Küchenfußboden aufheben und dort putzen müsse, wie es sich gehörte, entschied sich dagegen, legte eine feierliche Schallplatte auf und begann mit der Bescherung.

Im Päckchen waren Dominosteine, ein kleiner Marzipanstollen, eine rote Kerze mit Ständer, ein transparentes Kerzenbild mit ausgestanzten Sternen und ein Brief. Wilma stellte die Kerze auf den Tisch, zündete sie an, stellte das Bild davor und betrachtete eine ganze Weile die leuchtenden Sterne.

Wie zauberhaft das war!

Sie naschte einen Dominostein, öffnete den Briefumschlag und las: „Liebe Frau Krauthusen! Sie haben ja lustige Ideen! Es hat mir viel Spaß gemacht, Ihren kleinen Wunsch zu erfüllen, und ich hoffe, es ist alles so, wie Sie es wollten. Ich wünsche Ihnen viel Freude beim Auspacken und ein recht fröhliches Weihnachtsfest!“

Wilma schmunzelte. Man muss sich eben nur mal trauen, dachte sie. Sich trauen, jemanden um etwas zu bitten. Und man muss sich ein bisschen um sich selbst kümmern. Dann bekommt man auch Päckchen.

Ihr fielen die Scherben in der Küche ein, und plötzlich fand sie es sehr amüsant, dass die immer noch dort lagen. Scherben bringen Glück, dachte sie, und wer bestimmt denn, was sich gehört? Wer bestimmt, wann ich zu putzen habe? Ich bin alt genug, um das selbst zu bestimmen.

Das Schönste an dem Ganzen war aber, dass sie wusste, ihre nette Nachbarin würde heute auch ein Päckchen auspacken. Eines, mit dem sie garantiert nicht gerechnet hatte.

Denn anderen Leuten Päckchen zu schicken, machte mindestens genauso viel Spaß, wie selbst welche zu bekommen. Und natürlich war Wilma noch in der Lage einzukaufen, ein Päckchen zu packen und zur Post zu gehen.

Der Fleck

Gewundert hatte ich mich ja schon immer ein bisschen. Na gut, ich will mich nicht schlauer machen, als ich bin, also nicht schon immer, aber so ab meinem fünften Lebensjahr. Über die merkwürdig hohe Stimme unseres Weihnachtsmannes.

Eigenartig, oder? Zu manchen kommt der Weihnachtsmann, zu manchen Knecht Ruprecht, zu manchen das Jesuskind, zu manchen das Christkind. Und es ist mir nie gelungen, herauszufinden, ob die beiden letzteren identisch sind. Zu uns jedenfalls kam der Weihnachtsmann. Doch die Katze, nach der ich mich so sehnte, brachte und brachte er mir einfach nicht, obwohl ich sie jedes Jahr erneut von meinen großen Schwestern auf den Wunschzettel schreiben ließ.

Zum Glück war der Weihnachtsmann nie besonders streng. Obwohl wir schon wochenlang vorher Lieder und Gedichte für ihn einüben mussten.

Am Heiligabend warteten wir dann. Der Baum war geschmückt, die Krippe aufgestellt, die Eltern erschöpft, der Kartoffelsalat mit den Würstchen auf dem Tisch – genau in dem Moment klingelte es.

Er sagte „Fürchtet euch nicht“ und sah sehr vornehm aus. Fast wie ein König. Sein langer Mantel war aus dunkelrotem Samt, hatte einen gewaltigen Pelzkragen, der fast nahtlos in eine ebenso weiße Pelzmütze überging. Sein riesiger Bart, der ihm von einem Ohr zum anderen reichte, fiel ihm über die Brust bis zum Gürtel. Eigentlich konnte man nur ein bisschen von der Stirn, seine Augen und ein Stück Nasenspitze sehen.

Er zog seinen Mantel nie aus, obwohl es in unserer Stube wirklich sehr warm war.

„Wollen Sie nicht ablegen?“, fragte meine Mutter jedes Mal.

„Nein danke“, sagte er, „ich muss ja gleich weiter, zu den anderen Kindern.“

Aber dann hatte er es doch nicht so eilig. Erst mussten wir all unsere Lieder und Gedichte vortragen, was lange dauerte. Danach wurden wir von ihm nach unserem Betragen gefragt, größtenteils gelobt – was wohl auch daran lag, dass wir die unartigen Geschichten wegließen – und schließlich beschenkt. Und jedes Jahr hoffte ich wieder auf die Katze. Aber sie kam nicht. Allmählich hatte ich meine Schwestern im Verdacht, dass sie sie gar nicht aufgeschrieben hatten.

Nach der Bescherung setzten wir uns alle an den Tisch,

auch der Weihnachtsmann, und aßen Kartoffelsalat mit Würstchen. Zu dieser Zeit sah der Weihnachtsmann meistens schon recht verschwitzt aus. Kleine Tropfen standen auf seiner Stirn und manchmal nahm er ein rotes Taschentuch aus dem Mantel und tupfte sich das Gesicht ab.

Wie gesagt, als ich fünf war, hat mich seine hohe Stimme zum ersten Mal irritiert.

Und mit sechs fiel es mir wie Schuppen von den Augen. Das passierte, gerade als der Weihnachtsmann nach einem Würstchen griff. Sein Mantelärmel rutschte bei dieser Gelegenheit ein wenig nach oben, und ich sah etwas, was ich genau zwei Tage vorher auch schon gesehen hatte. Ich sah einen Leberfleck an seinem Handgelenk.

Dieser Leberfleck hatte die Form einer pfenniggroßen Bohne, war dunkelbraun und leicht behaart, und ich war mir sicher, dass es genau solch einen Leberfleck nur einmal auf der ganzen Welt gab. Er gehörte Frau Brinkmann, Vorderhaus, drei Treppen.

Frau Brinkmann war eine alleinstehende ältere Dame, mit der meine Eltern einmal pro Woche Canasta spielten. An jedem Dienstagabend. Normalerweise war sie etwas nachlässig gekleidet, nicht wirklich heruntergekommen, aber es lag immer ein leichter Hauch von Verwahrlosung über ihr. Auch hatte sie die Angewohnheit, armselige Katzenkreaturen von der Straße aufzulesen und wieder gesund zu pflegen. Meist lebten davon vier bis fünf gleichzeitig bei ihr. Vor ihrer Wohnung roch es daher immer etwas streng. Ihre Wäsche trocknete sie an einer Schnur vor dem Fenster. Kurz und gut, sie war bei einigen Nachbarn nicht besonders beliebt. Wir Kinder fanden sie merkwürdig und sahen uns häufig veranlasst, schlecht über sie zu reden, oder ihr sogar „Brinkmann – Stinkmann" hinterherzurufen. Dies durften wir auch unbehelligt von den anderen Nachbarn tun. Bekamen es aber unsere Eltern mit, wurden sie richtig zornig.

Die Entdeckung dieses Leberflecks am Heiligen Abend hatte eine verheerende Auswirkung auf mein kindliches Gemüt, auf das Vertrauen zu meinen Eltern, auf meinen feinen, heiligen Weihnachtszauber – einfach auf alles. Ich fing an zu heulen.

Meine Eltern schauten mich entsetzt an und fragten, was los sei. Aber natürlich rückte ich in Anwesenheit des falschen Weihnachtsmannes nicht mit der Sprache heraus. Doch als dieser – beziehungsweise diese – sich endlich von meiner Mutter begleitet zur Tür begab, stellte ich meinen Vater zur Rede.

„Es ist Frau Brinkmann!", rief ich.

Er sah mich erschrocken an, warf meinen jüngeren Brüdern einen raschen Blick zu, legte den Finger an den Mund und nickte so langsam, als hätte er selbst einen halbmeterlangen Bart am Kinn.

Meine Mutter kam herein, sah uns an und wandte sich an meine Brüder, um ihnen zu erzählen, was der Weihnachtsmann ihr noch unter der Hand aufgetragen hätte, unser Verhalten im kommenden Jahr betreffend.

So war es immer. Sie verriet uns, quasi aus mütterlicher Freundschaft, in welchen Bereichen sich der Weihnachtsmann etwas von uns erhoffte. Damit wir im nächsten Jahr gut dastehen konnten.

Mein Vater nickte meiner Mutter zu, nahm mich bei der Hand und zog mich in die Küche. Dort schloss er die Tür.

„Aber es *ist* Frau Brinkmann!“, rief ich. „Das weiß ich ganz genau!“

„Ja“, sagte er.

„Aber dann ist alles falsch!“, rief ich wütend.

„Nein“, sagte er.

Und dann legte er mir ausführlich dar, dass das Christkind schließlich an diesem Abend nicht überall gleichzeitig sein könne. Es müsse quasi viele verschiedene Formen annehmen, um alle beglücken zu können. Und da sei es doch froh über jeden, der bereit sei, ihm zu helfen! Ob nun Engel, Knecht Ruprecht, Weihnachtsmann oder Weihnachtsfrau.

„Aber ausgerechnet Frau Brinkmann!", protestierte ich.

„Ja", sagte mein Vater. „Ausgerechnet Frau Brinkmann. Kannst du dir denn gar nicht denken, warum gerade sie besonders gut dafür geeignet ist?"

Ich schüttelte trotzig den Kopf.

„Wer sollte wohl geeigneter sein", sagte er, „als jemand, der denen, die ihn ärgern, eine Freude machen möchte?"

Das war eine lange und komplizierte Frage für ein sechsjähriges Kind. Darüber musste ich erst einmal gründlicher nachdenken.

Was ich dann auch tat.

Im nächsten Jahr kam die Weihnachtsfrau wieder.

Als die Reihe an mir war, meine Gedichte vorzutragen und mich zu meinem Verhalten befragen zu lassen, lächelte sie mich plötzlich geheimnisvoll an und sagte, ihr sei zu Ohren gekommen, dass ich aufgehört hätte, einer gewissen Nachbarin „Brinkmann – Stinkmann" hinterherzurufen? Ob das denn wohl stimme?

Ich sah zu Boden und nickte.

Das, sagte sie, seien wahrhaftige Fortschritte im Leben eines Kindes. Und wie sehr sie sich darüber freue.

Und dann bekam ich mein Geschenk. Es war eine rote Kiste mit Löchern oben drin. Und als ich sie öffnete, sprang ein pechschwarzes Kätzchen heraus.

Vogelweihnacht

„Und die Vögel?!“ Lina schob das Kinn vor und machte eine dicke, senkrechte Falte auf der Stirn. Sie guckte so inbrünstig vorwurfsvoll, wie nur eine Vierjährige gucken kann. Herausfordernd verschränkte sie die Arme vor der Brust. Was so viel hieß wie: Ich gehe hier nicht eher weg, bis ich eine Antwort habe.

Dabei war nun gerade nicht die Zeit, in der ein Kind vorwurfsvoll gucken sollte. Es war nicht der Tag, an dem mir der Sinn nach Endlosdiskussionen und Linas berühmten Wutanfällen stand. Aber sie sah mich geradeso an, als wäre sie kurz davor. Es war der Nachmittag des Heiligen Abends. Ich hatte ihr soeben erklärt, was eine Bescherung ist und dass es bald so weit wäre.

„Was ist denn mit den Vögeln?“, fragte ich zurück.

„Haben die auch Bescherung?“

„Aber wir haben sie doch heute schon gefüttert.“

„Nicht füttern! Bescherung!“ Schon hob sich ihr Fuß zum Stampfen.

Vögel hatten es Lina angetan. Stundenlang konnte sie am

Fenster stehen und sie beobachten. Als sie die ersten ziehenden Wildgänse gesehen hatte, war sie schier aus dem Häuschen geraten. Seitdem malte sie nichts als Vögel. Jeden Morgen mussten wir in den Garten gehen und Körner ins Futterhaus streuen. Sie kannte Spatzen, Elstern, Stare, Blaumeisen, Gänse, Kohlmeisen und Rotkehlchen und rang täglich mit sich, welche sie am schönsten fand. Bis zu dem Tag, an dem sie den Mäusebussard gesehen hatte, waren die Schwanzmeisen ihre Lieblingsvögel gewesen. Der Bussard aber stellte alles in den Schatten. Besonders beeindruckte sie, dass er nicht Körner, sondern Fleisch fraß. Sie hatte einmal gesehen, wie er eine Maus verzehrte.

„Du meinst, wir sollten eine Vogelbescherung machen?“, fragte ich nach.

„Ja, mit Geschenken! Heute!“

Es hatte überhaupt keinen Sinn, ihr zu verstehen zu geben, dass der Nachmittag bereits verplant sei. Dass heute ein besonderer Tag sei. Dass wir Besuch erwarteten. Dass ich noch aufräumen, Staubsaugen und abwaschen wollte. Logische Argumente hatten bei Lina nie Sinn. Erst die Bescherung für die Vögel, erklärte sie kategorisch, dann die für uns. Und im Handumdrehen hatte sie Geschenkideen: Erdnüsse auf eine Schnur fädeln und zwischen die Bäume hängen.

Äpfel auf einen Stock stecken. Mandeln und Rosinen, die beim Plätzchenbacken übrig geblieben waren, zu einem Brei mixen und daraus kleine Knödel formen, die man überall in die Gartenbüsche hängen könnte.

Ich glaubte nicht, dass Letzteres funktionieren würde, sagte das auch, und schon begann die befürchtete Endlosdiskussion. Um diese abzukürzen, ging ich in die Küche, warf eine Tüte Rosinen und die letzten Mandeln in den Mixer und schredderte alles durch. Heraus kam eine klebrige Masse in der Konsistenz von Knete, aus der sich wunderbar kleine Knödel formen ließen.

Lina strahlte. Wir fädelten Schnüre durch die Knödel, knackten noch ein paar Walnüsse, verzierten, rollten neue Knödel, probierten, bastelten Erdnussgirlanden, durchbohrten Äpfel und hatten binnen Kurzem den ganzen Küchentisch voller Vogelgeschenke.

„Und Fleisch?" Lina war die Meisterin reduzierter Fragesätze.

„Welches Fleisch?"

„Du hast doch die Ente. Die können wir in den Apfelbaum hängen! Für den Bussard!"

Ich war gegen Fleisch im Apfelbaum. Zumal es sich um unseren Weihnachtsbraten handelte. Und ich verschwieg lieber, dass die Ente auch ein Vogel war. Zum Glück war das Lina noch nicht aufgefallen.

Auf dem Weg zum Garten dämmerte es bereits. Kein Mensch war mehr draußen, nur wir. Im letzten Tageslicht hängten wir unsere Geschenke in Bäume und Büsche und füllten das Vogelhaus noch einmal nach. Der Garten sah danach sehr lustig aus.

Nun waren wir beide so neugierig, dass wir ins Gartenhaus gingen, das Licht löschten und uns hinters Fenster stellten.

Wir mussten nicht lange warten. Die ersten waren wie immer die Kohlmeisen. Sie stürzten sich auf unsere Mandel-Rosinen-Knödel und pickten daran herum, dass es eine Freude war. Lina und ich standen ganz still hinter der Scheibe und sahen mit großen Augen in die frühe Nacht hinaus. Selten war mir so weihnachtlich zumute gewesen. Lina war ganz versunken. Ich hörte sie neben mir atmen.

Wir haben dieses Ritual beibehalten. Seit nunmehr zwanzig Jahren. Inzwischen ist unsere Familie gewachsen. Die Kinder kommen mit, die Enkel und Freunde.

Wenn manche Leute am 24. Dezember noch durch die Geschäfte hetzen, auf der Jagd nach den letzten Geschenken, gehen wir in den Garten. Ich heize den Ofen im Häuschen ein. Jeder hat etwas mitgebracht, was Vögel mögen. Wir knacken Nüsse, schreddern Rosinen, manschen und kneten, füllen Blumentöpfe und Kokosnussschalen mit Schmalz-Körner-Mischungen, fädeln Erdnüsse auf Girlanden, verteilen alles in Büschen und Bäumen, und wenn wir dann in der Dämmerung im Gartenhaus stehen, hinter dem Fenster voller Eisblumen, alle nah beieinander, schweigend, schauend, atmend, und den Vögeln zuschauen, wie sie sich über ihre Geschenke freuen – dann ist Weihnachten.

Die Weihnachtsgurke

Es gibt ja Leute, die behaupten, man müsse sich ‚nach der Decke strecken', man hätte im Leben keine Wahl.

Wenn ich so etwas höre, fällt mir immer meine Tante Poldi ein.

Tante Poldi war eine notorische Männersucherin. Nicht, dass sie unanständig viele Männer gehabt hätte, im Gegenteil. Sie war grausam allein, männermäßig gesehen, und zwar von ihrem dreißigsten Lebensjahr an, einem Alter, in dem man nicht allein sein sollte.

Ihr Mann hatte sie und die Kinder sitzen lassen. Und wie das so ist, wenn man dreißig ist, zwei Kinder hat und arbeitet, da bleibt nicht wirklich viel Zeit, einen neuen Mann zu suchen. Also kämpfte sie sich durch den Alltag. Nur manchmal schlug sie abends, wenn alles erledigt war, die Zeitung auf und schrieb auf eine ‚Mann-sucht-Frau'-Annonce.

Aber selbst wenn es zu einem Treffen kam, was selten genug geschah, danach war es dann auch schon wieder vorbei. Die Männer wollten keine Frau mit zwei halbwüchsigen Jungs. Gerechterweise muss ich dazusagen, dass Tante Poldi keine Schönheit im üblichen Sinne war, keine jedenfalls, die dem damaligen Männerideal entsprach. Sie schminkte sich nicht, war etwas pummelig, brachte gut und gerne ihre neunzig Kilo auf die Waage und war noch dazu so quirlig, klug und selbstbewusst, dass die Männer immer sofort die Flucht ergriffen.

Dabei war sie wirklich die netteste Frau, die ich kannte. Herzlich und offen, lustig und stolz, und sie konnte wunderbare Fragen stellen, über die man wochenlang nachdenken konnte.

Als ich erwachsen war, fragte ich sie einmal, warum ausgerechnet sie eigentlich allein sei, so eine patente Frau!

Nun, es hatte ein paar gegeben, die sie gewollt hätten, sagte Tante Poldi. Aber die hätte sie nicht gewollt. Es sei ja nicht so gewesen, dass sie allein nicht zurechtgekommen wäre. Das schon. Aber einen Mann hätte sie trotzdem gern gehabt. Ein einziges Mal in ihrem Leben hätte sie das schon gern haben wollen: eine wirklich gute Partnerschaft. Jeder Mensch, meinte sie, sollte so etwas einmal erleben. Und das gelte ja wohl auch für sie. Aber es hätte eben nicht geklappt.

Wer jetzt aber denkt, sie hätte es seitdem aufgegeben, der irrt. Meine Tante suchte immer weiter. Und dann, als sie siebenundfünfzig war, geschah es. Sie hatte sich nämlich eine neue Strategie ausgedacht. Das mit den Annoncen, erzählte sie mir später, sei doch Schwachsinn gewesen. Da hätte sie dreihundert Jahre gebraucht, um den Richtigen herauszufischen, und so viel Zeit hätte sie nun mal nicht gehabt. Deshalb war sie zu einer Partneragentur gegangen, hatte zweihundert Mark auf den Tisch gelegt, gesagt, das sei es ihr wert, und sie wünsche, dass ihr jetzt geholfen werde.

Die Frau in der Agentur hatte Tante Poldi von oben bis unten angesehen, den Kopf gewiegt, sie nach ihren hausfraulichen Qualitäten gefragt, was meine Tante schon wieder in Rage brachte, und dann gemeint, nun, das wäre nicht einfach, aber sie nähme die Herausforderung an.

Vier Wochen später, am 22. Dezember, bekam meine Tante einen Anruf. Es war die Agentur. Tante Poldi solle, sagte die Frau, am Heiligen Abend zum Alexanderplatz fahren und um sechzehn Uhr zur Weltzeituhr gehen. Dort stünde ein Mann mit einer roten Rose in der Hand, und der wäre für sie.

Am 24. Dezember schmiss sich meine Tante also in Schale, fuhr zum Alex und ging an den Buden des Weihnachtsmarktes vorbei in Richtung Weltzeituhr. Als sie sich diesem Berliner Wahrzeichen jedoch näherte, traute sie ihren Augen nicht.

Unter der Uhr standen sage und schreibe sechs Männer, fünf davon hatten eine rote Rose in der Hand und einer etwas

Grünes, das sich beim Näherkommen als eine saure Gurke herausstellte, von der er lustvoll abbiss.

Verwirrt blieb Tante Poldi einige Schritte entfernt stehen und betrachtete die Männer aufmerksam. Was sollte sie tun? Hatte die Agentur ihr etwa fünf Männer zur Auswahl geschickt? Der Gedanke gefiel ihr. Aber dann hätte sie es doch fair gefunden, wenn man ihr das vorher gesagt hätte. Oder war, was ihr wahrscheinlicher erschien, nur einer davon für sie, und die anderen vier standen nur zufällig hier und warteten auf andere Frauen? Aber wie sollte sie nun herausfinden, welcher für sie war?

Sie beschloss zu warten, bis die entsprechenden Frauen kämen und vier der Rosenmänner wegholten.

Doch nichts geschah. Sie stand da, die Männer standen da, niemand wurde weggeholt. Und während sie dort stand, wartete und die Männer genau betrachtete, merkte sie, dass ihr Blick immer wieder magisch von dem Mann mit der Gurke angezogen wurde. Und ihr wurde klar, dass ihr der mit der Gurke eigentlich am allerbesten gefiel.

Er hatte schöne Lachfältchen um die Augen, entsprach ihr in Alter und Statur und schaute so fröhlich und zufrieden in die Welt, dass Tante Poldi schließlich eine folgenschwere Entscheidung traf.

Sie ging auf ihn zu und sagte: „Sie haben zwar keine Rose dabei, aber Sie gefallen mir am besten!"

Der Mann schaute sie verdutzt an, guckte sich um, entdeckte die anderen Männer, lachte herzhaft, steckte sich das letzte Stück Gurke in den Mund und sagte: „So? Ach! Na wenn das so ist – haben Sie schon die Gurken gekostet? Von diesem Spreewälder Stand dort vorne? Kommen Sie, ich lade Sie auf eine ein. Die sind ausgezeichnet!"

Das, verriet Tante Poldi mir später, wurde der schönste Heilige Abend ihres Lebens. Kurz, der Mann mit der Gurke wurde mein Onkel Peter.

Noch fast fünfundzwanzig Jahre waren die beiden überaus glücklich miteinander. Tante Poldi hat ihre Wahl nie bereut. Und auch nicht die zweihundert Mark, denn wie, sagte sie, wäre sie sonst auf Peter gestoßen?

Die beiden, das kann ich bezeugen, waren füreinander gemacht. Und jedes Jahr am Heiligen Abend gab es bei ihnen Spreewälder saure Gurken zum Abendbrot.

Übrigens hat meine Tante mir diese Geschichte unter dem Siegel der Verschwiegenheit erzählt. Weil ihr das mit der Agentur doch ein bisschen peinlich war. Ich habe sie auch zu ihren Lebzeiten niemals weitererzählt. Aber jetzt, wo Poldi und Peter tot sind, glaube ich, dass ich davon berichten darf.

Als Beispiel dafür, dass man immer eine Wahl hat. Und dass sogar manchmal, wenn man die Wahl zwischen fünf Möglichkeiten hat, die sechste genau die richtige ist.

Der anonyme Brief

Ein Pfarrer, der sich sein Leben lang freundlich und geduldig um seine Gemeinde gekümmert, ihre Sorgen angehört, ihre Kinder getauft, ihre Toten beerdigt und für jedes Problem die richtigen Worte gefunden hatte, verursachte ausgerechnet bei seiner allerletzten Predigt vor seiner Berentung, die auf den Heiligen Abend fiel, einen Eklat.

Er stieg auf die Kanzel, sah seine Gemeinde an und sagte, er habe heute den Predigttext zum ersten Mal nicht selbst geschrieben. Er habe aber stattdessen einen anonymen Brief erhalten und den wolle er vorlesen.

Dann holte er ein Kuvert aus der Tasche, zog in aller Seelenruhe einen Bogen Papier daraus hervor und begann:

Leute! Guckt mal genau eure Weihnachtskrippe an. Fällt euch was auf? Nein? Die schicke Frau im blauen Mantel, die dort neben der Krippe steht, soll Maria sein? Die dicken Männer da sollen die Hirten sein? Der flotte, junge Mann neben Maria soll Joseph sein? Irrtum! Und überhaupt: Das soll Weihnachten sein, was ihr da feiert? Ganz großer Irrtum!

Wie kommt ihr darauf, Weihnachten sei was für Leute, die alles haben? Für Leute mit Aufenthaltserlaubnis, Wohnung, Pass und Arbeitsgenehmigung?

Maria war dreizehn, ein Mädchen, unehelich schwanger und obdachlos. Zu Fuß irrte sie mit ihrem Gefährten durch Palästina. Garantiert hat die keinen so eleganten blauen Mantel getragen. Joseph war ein alter Mann, arm und ebenfalls ohne Bleibe. Beide waren Flüchtlinge ohne einen Cent in der Tasche. Arme Teufel waren das, Hungerleider! Sie müssen so elend ausgesehen haben, dass niemand sie herein ließ. Ich bin ziemlich sicher, auch ihr hättet sie kaum in eure schicken Wohnungen gelassen, wenn die bei euch geklopft hätten!

Und dann? Genau! Dann kommt Gott, stellt sich hin und sagt: Zu denen gehe ich. Gerade zu denen. Mit denen will ich feiern. Denen will ich mein Kind geben. Denen will ich es anvertrauen.

Leute, kapiert ihr das? Gott ist keine Rechtfertigung für Reiche und Satte. Er fühlt sich wohler bei denen, die nichts mehr zu verlieren haben. Die am Ende sind. Die ganz unten angekommen sind. Die wissen, was ein Stück Brot bedeutet.

Braucht ihrs genauer? Eure Rührseligkeit und Euer Glitzerglöckchengebimmel, eure Geschenkorgien und eure Gänsebraten, das alles hat absolut nichts mit Weihnachten zu tun!

Aber so gar nichts! Wie kommt ihr darauf, dass dieses Fest euch gehört? Natürlich, ihr glaubt ja, dass alles euch gehört: Das Geld, der Strom, das Wasser, das Essen, das Öl, die Bodenschätze und nun auch noch Weihnachten! Ihr findet es ja ganz normal, dass ihr euch alles unter den Nagel reißt, egal, wie viele Menschen dafür am Rande des Abgrundes leben. Woher ihr dieses Selbstverständnis nehmt, ist immerhin schleierhaft.

Aber könnt ihr nicht ein einziges Mal genug kriegen? Könnt ihr nicht wenigstens Weihnachten denen lassen, für die es eigentlich gemacht ist? Ihr rümpft die Nase über Flüchtlinge, regt euch auf über die, die in eurem Land eine Bleibe suchen, ja, ihr tut euch sogar zusammen, damit sie euch nicht allzu sehr auf die Pelle rücken! Und dabei ist Weihnachten deren Fest! Das Fest der Heimatlosen, Armen, Flüchtlinge, Hungerleider und Verlierer. So. Das musste mal gesagt werden.

Der Pfarrer verstummte, blinzelte seine Gemeinde an und faltete den Brief zusammen.

Die Leute auf den Kirchenbänken sahen verstört aus. Sie tuschelten leise.

Es wird Zeit, dass er in Rente geht, sagten sie. Er redet ja schon wirres Zeug.

Spuren im Schnee

„Weißt du", sagte meine Freundin Moni letztes Jahr an Heiligabend zu mir, „ich finde, wir sollten uns nichts mehr zu Weihnachten schenken."

Dummerweise sagte sie das, nachdem sie gerade mein Weihnachtsgeschenk ausgepackt hatte, was mich im ersten Moment etwas frustrierte.

Zugegeben, wir sind in einem Alter, in dem wir alles haben. Zugegeben auch, ich hatte von Jahr zu Jahr krampfhafter überlegt, womit ich ihr um Gottes Willen noch eine Freude machen könnte. Leicht war es mir nicht gefallen, immer noch ein halbwegs passables Geschenk für sie zu finden. Und immer die Frage: War es nicht zu viel und nicht zu wenig, im Vergleich zu dem, was sie mir schenken würde? Würde ich ihr wirklich eine Freude damit machen können? Zumal mich einkaufen generell mehr und mehr anstrengte, all der triefende Kommerz, das Überangebot, die gestressten Verkäufer und die plärrenden Weihnachtslieder aus den Warenhauslautsprechern.

„Nervt es dich nicht im Grunde auch?", fragte sie.

„Schon", gab ich zu.

„Ehrlich, wir müssen den Rummel doch nicht mehr mitmachen in unserem Alter“, meinte sie. „Das ist doch furchtbar beschwerlich. Das Rumgerenne. Das Gesuche. Die Menschenmassen. Und diese Schenkpflicht. Das nervt doch alles. Wir machen ja sonst auch nicht, was alle machen. Wenn uns das beide anstrengt, wer zwingt uns denn? Wir sind erwachsen, wir haben alles, was wir brauchen. Also.“

Ich nickte. Letztendlich dachte ich genauso. Ich hatte mich nur nie getraut, das zu sagen, aus Angst, für geizig gehalten zu werden.

„Für mich ist das Schönste, wenn wir Zeit zusammen verbringen“, entgegnete ich. „Du hast Recht. Ich brauche auch nichts geschenkt.“

Also keine Weihnachtsgeschenke mehr. Abgemacht. Wir gaben uns die Hand drauf.

Merkwürdig nur, dass sich keine Erleichterung bei mir einstellte. Stattdessen grübelte ich: Würde das nicht eigenartig werden? Wir beide an Heiligabend und dann keine Geschenke? Keine Schleifen, kein Glitzerpapier, kein Auspacken? Wären wir dann nicht doch enttäuscht? Schon, weil es anders wäre?

Und wenn sie sich nachher nicht daran hält und mir doch etwas schenkt? Und ich stehe dann mit leeren Händen da?

In diesem Jahr war ich in der Vorweihnachtszeit etwas aufgeregt. Mutig hatte ich allen Versuchungen widerstanden, für Moni ein Geschenk zu besorgen. Auch nicht das klitzekleinste Täfelchen Schokolade hatte ich gekauft. Ich wollte ernst machen. Es darauf ankommen lassen. Wenn schon, denn schon. Obwohl mir eigenartigerweise nun, wo ich nicht mehr dazu verpflichtet war, alle möglichen Geschenke für sie einfielen.

Ich hoffte inständig, dass sie unsere Vereinbarung nicht vergessen hatte. Sie hatte sie nicht vergessen. Wir kamen beide mit leeren Händen. Nach einer kurzen Irritation bezüglich des Ablaufes, über die wir schnell lachen konnten, zündeten wir eine Kerze an, tranken Tee, aßen Kekse, plauderten, spielten Karten, hatten plötzlich Lust auf einen Spaziergang und fuhren kurz entschlossen mit der Straßenbahn durch die leere, verschneite Stadt bis zur Endhaltestelle.

Wir saßen ganz allein in der leeren Bahn. Auf den Straßen war auch kein Mensch zu sehen.

Wir stiegen aus, ließen die letzten Häuser und Straßenlampen hinter uns, stapften über weiße Felder, gingen am Waldrand entlang und schlugen den Weg zum See ein.

Tagsüber waren wir schon oft hier spazieren gegangen, aber nun, in der Dunkelheit, kam mir die Gegend völlig fremd vor. Der Mond lugte nur manchmal hinter den Wolken hervor, und selbst dann war sein Licht gerade ausreichend, um den Weg zu erahnen. Die Nacht war voller Geräusche. Am Ufer des Sees gluckste, wisperte, raschelte und schnatterte es. Wir mussten langsam gehen, uns teilweise an den Baumstämmen entlang tasten und mit den Füßen den Weg im Voraus absuchen, um nicht über Wurzeln zu fallen. Wenn es einer von uns zu unübersichtlich wurde, gaben wir uns die Hand. Wir kamen langsam voran, immer am Ufer entlang, schwiegen, redeten, lauschten den Enten, erzählten vom zurückliegenden Jahr, spürten die fallenden Flocken im Gesicht. Wenn der Mond hinter einer Wolke verschwand, wurde es stockdunkel. Die Kälte war durchscheinend und klar wie Kristall.

Normalerweise brauchten wir für diesen Spaziergang eine gute Stunde, heute waren wir über drei Stunden unterwegs.

Als wir gegen Mitternacht erschöpft, durchgefroren, zufrieden und leergeredet zur Endhaltestelle der Bahn zurückkehrten, huschte im Licht der ersten Straßenlampe ein Reh an uns vorbei.

Verzaubert drehten wir uns um und blickten ihm nach, wie es lautlos Richtung Waldrand verschwand. Dabei sah ich unsere Spuren im Schnee und war plötzlich überwältigt von

Dankbarkeit. Als wäre jeder Augenblick dieser Nacht ein Geschenk gewesen. Als hätte ich noch nie eine so schöne Heilige Nacht erlebt.

DANK

Für die wunderbare Unterstützung und das gnadenlos engagierte Feedback zu meinen Weihnachtsgeschichten danke ich von Herzen: Andrea Lauer, Ilka Haederle, Gerald Stitz und Ingrid Herzog.

Doris Bewernitz
Die Autorin

DIE AUTORIN

Doris Bewernitz lebt als freie Autorin in Berlin.

Vor ihrem Schriftstellerleben arbeitete sie unter anderem als Krankenschwester, Gerichtsprotokollantin, Lehrerin, Sozialpädagogin, Drogenberaterin, Dozentin in der Erwachsenenbildung und Gestalttherapeutin.

Seit 1995 schreibt sie Krimis, Kurzgeschichten, Lyrik, Erzählungen und Satiren.

Bisher gibt es sieben Bücher der Autorin. Im Verlag Herder erschien 2012 (Neuauflage 2014) ihr Buch mit Gartengeschichten „Wo die Seele aufblüht. Warum ein Garten glücklich macht“.

Mehr Infos unter: www.doris.bewernitz.net

www.herder.de

Gesamtgestaltung und Satz:
Tina Agard Grafik & Buchdesign, Stuttgart
Umschlagmotiv: © iStockphoto: GoodGnom
Illustrationen Innenteil: © iStockphoto: LavandaPrint
Herstellung: Graspo CZ a.s., Zlín

Printed in the Czech Republic

ISBN 978-3-451-34792-4